Inhaltsverzeichnis

Liebe Leserinnen und Leser,

jetzt ist es endlich soweit.
Seit meinem ersten Kochbuch war es mein Wunsch, einmal so richtig meiner süßen Leidenschaft frönen zu können. Aber bei meinen Kochbüchern Nummer 2 bis 4 waren andere Themen immer gerade noch interessanter und wichtiger gewesen, zunächst zwei Bücher über tierisch-eiweißfreie Ernährung. Das zweite davon, das Backbuch, ist auch für vegan lebende Menschen geeignet, wenn diese Honig akzeptieren oder ihn durch Sirup oder ähnliches ersetzen. Das letzte über Weihnachtsbäckerei kam meinem Wunsch bereits sehr nahe, doch auf den folgenden Seiten will ich Ihnen süße Suppen, Hauptspeisen und Desserts präsentieren, natürlich wie immer Rezepte mit Pfiff.

Doch bevor jetzt Vollwertpuristen wegen soviel Süßem die Nase rümpfen, wir werden viel mit Obst und Säften süßen, auch mit Honig. Außerdem werden die Gerichte bei weitem nicht so süß wie in der konventionellen Küche zubereitet. Auch ist dies kein Kochbuch für alle Tage, seine Rezepte werden in Ihrem und auch meinem Speiseplan nur gelegentlich, wenn auch nicht ganz selten, zur Anwendung kommen. Denn - ganz ehrlich - so hin und wieder sind wir doch alle Naschkatzen.

Wie immer wünsche ich Ihnen viel Spaß beim Lesen, gutes Gelingen beim Kochen und ganz besonders viel Genuß beim Essen.

Ihr

Hinweise

Ich möchte hier keine ausführliche Einführung in die Vollwerternährung geben, aber doch etwas auf die Grundlagen eingehen.

Ein wichtiger Grundsatz der Vollwerternährung ist: „Laßt unsere Nahrung so natürlich wie möglich". So gehören zu einer vollwertigen Ernährung keine Auszugsprodukte, insbesondere kein Auszugmehl Daher verwende ich für alle Rezepte nur frisch gemahlenes Mehl aus allen üblichen Getreidesorten, wobei ich zu Weizen oder Dinkel gerne insbesondere Roggen hinzugebe, weil die Gerichte dadurch viel lebhafter und kräftiger schmecken.

Alle Fabrikzuckerarten sind in der Vollwertküche verpönt. Zum Süßen verwende ich daher, wie schon gesagt, überwiegend Honig; am besten geeignet ist Akazienhonig oder ein milder Blütenhonig. Waldhonig ist wegen seines intensiven Geschmacks nur bei wenigen Rezepten verwendbar. Auch mit Honig gehe ich sparsam um und versuche zunächst die Süße des Obstes oder der Sahne zu nutzen. Wie schon eingangs erwähnt, bevorzugt man bei der vollwertigen Ernährung Gerichte, die nicht so süß schmecken wie in der konventionellen Küche.

Wenn Sie Trockenobst in Wasser längere Zeit einweichen, können Sie dieses Wasser dann ebenfalls zum Süßen verwenden.

Einheimisches Obst verwende ich fast nur in der Jahreszeit, in der es bei uns reif ist. Erdbeeren zu Weihnachten sind für mich überflüssig und auch kein Genuß, denn es fehlt mir dazu einfach die Sonne des Frühsommers. Im Winter verwende ich neben Lagerobst wie Äpfel und Birnen oder tiefgefrorenem Obst dann gerne exotische Früchte.

Es versteht sich von selbst, daß ich nur unbehandeltes Obst nehme, dies gilt insbesondere für Orangen und Zitronen, wenn die Schale im Gericht verwendet wird.

Daß Obst gewaschen werden muß, daß Bananen, Orangen usw. geschält werden müssen, erwähne ich nicht in jedem Rezept. Äpfel und Birnen verwende ich, wenn möglich, ungeschält. Allerdings schäle ich das Obst vorher, wenn es erhitzt wird und in Viertel oder Scheiben geschnitten wird. Denn wenn sich beim Kochen die Schale löst, bekommt es dem Gericht nicht besonders gut.

Raffinierte Fette und Öle haben in unserer Küche keinen Platz, ich verwende ausschließlich Butter und kaltgepreßte Öle. Vegan lebende Menschen können ggf. auf schonend behandelte Reformmargarine zurückgreifen.

Gerichte ohne tierische Produkte, aber mit Honig, sind mit einem Sternchen im Rezeptverzeichnis versehen; wenn das Sternchen in Klammern steht, gibt es für dieses Rezept eine entsprechende Alternative.

Wenn Sie keine Sahne verwenden wollen, können Sie diese bei den meisten Rezepten durch geschlagenen Tofu austauschen. Natürlich ergibt das einen anderen Geschmack und auch eine andere Konsistenz.

Die Buttermenge können Sie meist durch 1/3 Öl und 2/3 andere Flüssigkeit ersetzen. Anstelle von Honig können Sie als nicht ganz vollwertige Alternativen Sirup oder Ähnliches verwenden.

Ich habe mir lange überlegt, ob ich in diesem Buch Rezepte verwenden soll, bei denen Eier nicht gekocht oder gebacken werden, denn immer wieder liest man von Salmonellenerkrankungen. Allerdings habe ich bei einigen Cremes doch nicht darauf verzichtet. Ich beachte jedoch folgendes: Ich verwende nur sehr frische Eier aus kontrolliert-biologischer Freilandhaltung und wasche die Eier vorher ab. Dann bereite ich die Creme ganz kurz vor dem Verzehr zu und stelle sie bis dahin in den Kühlschrank.

Bei sehr vielen Rezepten mit rohen Eiern können Sie aber bei Verwendung von geschlagener Sahne auch auf die Eier verzichten, falls Sie Bedenken haben oder gerade keine ganz frischen Eier im Hause haben.

Die Gerichte sind in der Regel für 4 Personen berechnet. Allerdings kann man bei Süßspeisen nicht immer so genau zwischen Hauptgericht und Dessert unterscheiden. Wenn Sie ein Hauptgericht auch einmal als Dessert servieren wollen, dann reicht ein Rezept für 6-8 Personen, je nachdem wie umfangreich Vor- und Hauptspeise waren. Wollen Sie ein Dessert als Hauptgericht servieren, müssen Sie die Mengen um 1/3 bis 1/2 erhöhen.

Bei den Gewürzen mache ich meist keine genauen Angaben, denn was bedeutet eine so exakte Angabe wie Prise oder Messerspitze? Wie spitz darf oder muß das Messer für eine Messerspitze sein, und wie weit geht die Spitze? Ich würze zunächst vorsichtig und probiere dann einfach - ist es zuwenig, gebe ich solange noch etwas hinzu, bis ich zufrieden bin. Wenn von einem Gewürz besonders intensiv Gebrauch gemacht werden soll, weise ich besonders darauf hin.

Aufläufe und Gratins

Aus dem Backofen kommen die Rezepte des ersten Kapitels. Dies bedeutet, daß die Zubereitung der Gerichte einige Zeit in Anspruch nimmt. Denn der Aufenthalt im Backofen beträgt zwischen einer halben und einer Stunde. Leider benötigt man auch einiges an Geschirr zur Vorbereitung. Da man eigentlich immer eine Sauce dazu servieren sollte, kann man für ihre Zubereitung die Backzeit nutzen.

Beginnen wir mit einer der interessantesten Obstsorten, den Bananen, die man bei Süßspeisen immer verwenden kann. Mit ihnen können andere Süßungsmittel vermieden oder stark reduziert werden. Auch in pikanten Gerichten haben sie übrigens ihren besonderen Reiz, doch das ist heute nicht das Thema.

Bananen-Auflauf

30 g Rosinen	in
etwas Butter	2-3 Minuten anbraten.
30 g Weizen	fein mahlen, mit
3 Eiern, 100 g Quark,	
100 g Joghurt,	
1 EL Honig, Vanille	gut verrühren.
4 Bananen	und
1 Apfel	in dünne Scheiben schneiden, mit
Zitronensaft	beträufeln, Obst und die Rosinen
	vorsichtig unterheben, in gefettete
	Auflaufform geben, bei 150° C
	ca. 30 Minuten vorbacken.
60 g Haselnüsse	und
30 g Roggen	fein mahlen, mit
40 g flüssigem Honig,	
30 g zerlassener Butter,	und
Zimt	mit der Gabel zu Streuseln vermischen,
	über dem Auflauf verteilen und bei
	200° C in ca. 15 Minuten fertigbacken.

Gerne verwendet man bei Süßspeisen Hirse als Grundlage, wobei nicht zuletzt die schöne gelbe Farbe appetitanregend ist, vor allem, wenn sie noch rot unterlegt wird.

Hirse-Erdbeer-Auflauf

250 g Hirse, 1-2 Stück Zimtrinde 500 ml Wasser	in 2 Minuten aufkochen, auf ausgeschalteter Platte ausquellen lassen.
300 g Erdbeeren, 1 Banane	kleinschneiden.
50 g Butter, 50 ml Sahne, 100 g Honig, Zimt, 2 Eigelb	schaumig rühren, Hirse und Erdbeeren untermengen.
2 Eiweiß	steifschlagen und vorsichtig unterheben. Den Auflauf bei 200° C gut 50 Minuten backen.

Stachelbeeren sind ein Gedicht, sofern man sie nicht selber pflücken muß, denn die Stacheln des Strauches können ganz schön stechen. Gerade als ich diese Zeilen schreibe, wird mir dies wieder besonders deutlich. Wir haben seit 2 Tagen einen 9 Wochen alten Cairn-Terrier, im Garten liegt gut 25-30 cm Schnee - fast wie früher - und aus dem Schnee ragen 2 Äste eines kleinen Stachelbeerstrauches hervor. Unser neugieriger junger Hund versucht immer wieder daran herumzunagen, bis er einen Piekser erhält und den Strauch bis zum nächsten Besuch in Ruhe läßt.

Stachelbeer-Mandel-Auflauf

175 g Hafer	zu Flocken quetschen, mit
125 ml Milch	übergießen und etwas quellen lassen.
2 EL Butter,	
2-3 EL Honig	schaumig rühren,
150 g Quark	mit
125 ml saure Sahne	glattrühren und mit der Honigmischung zu den Haferflocken geben.
100 g gemahlene Mandeln	mit
Vanille, Ingwer,	
Zitronenschale,	
Salz	zu den anderen Zutaten geben, gut durchmischen.
500 g Stachelbeeren	unterheben und alles in gefettete Auflaufform geben, mit
1 EL gem. Mandeln	bestreuen, bei 200° C ca. 45 Minuten backen. Mit Zimt oder Vanillesauce servieren.

Weintrauben werden relativ selten für warme Süßspeisen und Kuchen verwendet, ganz zu Unrecht. Allerdings ziehe ich zum Kochen und Backen oder auch im Frischkornmüsli die kernlosen vor.

Weintraubenpastete

100 g Haselnüsse	grob reiben,
100 g Roggen,	
150 g Weizen	fein mahlen, alles mit
Zimt	mischen.
125 g Honig	und
100 g Butter	etwas verflüssigen, dann dazugeben und mit der Gabel zu einer krümeligen Masse verarbeiten.
600-800 g kernlose Weintrauben	unter die Teigmasse mischen, in eine gefettete Auflaufform geben und leicht zusammenpressen, mit
1-2 EL grob gehackten Haselnüssen	bestreuen, bei 200° C ca. 40 Minuten backen. Warm mit einer Frucht- oder Vanillesauce servieren.

○ Tip: Für Veganer geeignet ist die folgende Variante. Ersetzen Sie die Butter durch 1/3 Öl und 2/3 Wasser und den Honig durch Sirup.

Zwetschgen sind ein überaus vielseitig verwendbares Obst. Und trotzdem weiß man allerdings in manchem Jahr nicht wohin mit dem Obstsegen eines oder mehrerer Bäume. Um Ihnen oder denjenigen, die Sie mit Zwetschgen als Geschenk beglücken, einige Alternativen zum Zwetschgenkuchen zu geben, finden Sie hier die ersten Rezepte, denen noch einige im Buch folgen. Wenn es immer noch zuviel ist, dörren Sie Zwetschgen oder machen Sie Saft. Einfrieren lohnt nur für Marmelade oder für Saucen.

Zwetschgennudeln

300 g Weizen	fein mahlen, mit
125 ml Milch, 30 g Hefe,	
2-3 EL Honig, 30 g Butter,	
Salz, abger. Zitronenschale	zu Hefeteig verarbeiten, ca. 5 Minuten kneten, 30 Minuten gehen lassen.
15-20 Zwetschgen	vorsichtig entsteinen, Hefeteig in 15-20 Teile teilen, um jede Zwetschge rund formen,
50 g Butter	in Auflaufform erwärmen, Zwetschgennudeln hineinsetzen, weitere 15 Minuten gehen lassen, dann bei 200° C ca. 20-25 Minuten backen.
500 g Zwetschgen	mit wenig
Wasser	pürieren, eventuell halbsteif geschlagene
Sahne	unterziehen und zu den Nudeln servieren.

○ Tip: Dazu paßt immer eine Vanillesauce, noch fruchtiger schmecken die Nudeln natürlich mit einer Zwetschgensauce.

14

Mais ist nicht jedermanns Geschmack, doch dieses Rezept überzeugt
auch die Skeptiker.

Apfelpolenta

125 g Maispolenta	mit
etwas Salz	mischen.
60 g Butter, 80 g Honig	zerlassen, die Hälfte der Mischung mit
0,5 l saurer Sahne	vermischen. Von
700 g Äpfeln	Kerngehäuse entfernen, in dünne Scheiben schneiden, dann in gefettete Auflaufform schichten, mit
1-2 EL Honig	beträufeln, dann die Polenta darüberstreichen. Mit der Honig-Sahne-Mischung übergießen.
1 EL Zitronensaft	mit der restlichen, noch flüssigen Honigbutter vermischen, den Auflauf damit beträufeln und bei 200° C ca. 50-60 Minuten backen.

◯ Tip 1: Sie können auch einen mehr oder weniger großen Teil
des Maisgrießes durch Weizengrieß ersetzen.

◯ Tip 2: Probieren Sie statt saurer Sahne auch mal Dickmilch oder
süße Sahne, bei letzterem reicht dann 1 EL Honig.

Etwas aufwendig, aber lohnend ist die

Obstlasagne

200 g Dinkel,	
50 g Roggen	fein mahlen, mit
3 EL Öl, 4-5 EL Wasser	
1 TL Salz, 1 TL Honig	zu einem glatten Teig verarbeiten, Kugel formen, leicht mit
Öl	bestreichen, 30 Minuten ruhen lassen. Auflaufform einfetten, Teig in 4 Stücke teilen, das erste auswellen und in die Auflaufform geben.
250 g Äpfel	in dünne Scheiben schneiden, auf den Boden geben, mit
Zimt	bestreuen, das 2. Teigstück auswellen und Äpfel bedecken.
250 g Bananen	in Scheiben schneiden, auf den Teig geben, dann das 3. Stück auswellen und die Bananen bedecken.
250 g Aprikosen	kleinschneiden, mit
Vanille	bestreuen, 4. Teigstück auswellen und Zwetschgen damit abdecken.
250 ml Sahne	mit
2-3 Eiern, 1 EL Honig	verquirlen, dann über die Lasagne gießen, mit
2 EL grobgehackten Nüssen	bestreuen und bei 200° C gut 20 Minuten backen, dann weitere 20 Minuten bei 100°, mit einer Fruchtsauce warm servieren.

○ Tip: Sie können auch andere Obstsorten verwenden. Berücksichtigen Sie dabei die farbliche Anordnung, z.B. weiß, rot, gelb. Daher sind auch Himbeeren, Zwetschgen usw. gut geeignet.

16

Während die Lasagne ihre italienische Herkunft nicht verleugnen kann, stammt das folgende Rezept von unseren westlichen Nachbarn, den Franzosen.

Obstauflauf

75 g Buchweizen	und
75 g Weizen	fein mahlen.
5 EL Sonnenblumenöl	mit
2-3 EL Honig	und
abgeriebene Schale	
von 1/2 Zitrone	verquirlen, nach und nach
2 Eier	zufügen, anschließend das Mehl und
150 ml Mineralwasser	einrühren und den Teig gut
	15 Minuten quellen lassen.
500 g Birnen	schälen, vierteln und Kerngehäuse
	herausschneiden.
500 g Zwetschgen	entsteinen. Die Früchte mischen und
	mit dem Saft von
1 Zitrone	beträufeln. Die Früchte in eine
	gefettete Auflaufform geben. Den Teig
	mit der Konsistenz eines Pfannkuchen-
	teiges darübergießen.
2 EL Walnüsse	grob hacken und den Auflauf damit
	bestreuen. Bei 180° C ca. 45 Minuten
	backen und heiß servieren.

Das nächste Rezept erinnert mich besonders an die Donnerstage in meinem früheren Vollwertrestaurant "Salatschüssel", denn donnerstags gab es neben den zwei täglich wechselnden Hauptgerichten immer auch eine süße Hauptspeise, z.B. die Buchteln. Dieser Tag war der arbeitsreichste, aber dafür meist auch der umsatzträchtigste Tag der Woche. Wenn ich mir nicht vor der Restaurantöffnung bereits eine süße Portion reserviert hätte, wäre ich meist leer ausgegangen und manchmal habe ich für einen Stammkunden auch auf meine vorreservierte Mahlzeit verzichtet.

Buchteln

400 g Weizen	fein mahlen, mit
Meersalz,	
100 ml Wasser,	
100 ml Sahne,	
1-2 EL Honig,	
1 Ei	gut 5, besser 10 Minuten zu einem Hefeteig kneten, 20-30 Minuten zugedeckt an einem warmen Ort gehen lassen. Eine Rolle mit 5 cm Durchmesser formen, gleichgroße Stücke abnehmen und zu Nudeln oder Knöpfle formen, eng aneinander in gefettete Auflaufform setzen, nochmals 10-15 Minuten gehen lassen. Mit
Milch oder Sahne	bepinseln, bei 200° C ca. 30 Minuten backen. Mit Vanille-, Zimt- oder Fruchtsauce servieren.

○ Tip: Sie können auch auf das Ei verzichten, als Veganer auch auf die Sahne und den Honig durch Sirup ersetzen.

Kartoffeln eignen sich nicht nur für einen Salat oder Eintopf, sondern auch für Kuchen und Torten, und sie geben dem folgenden Auflauf seine Besonderheit.

Kartoffelauflauf süß

250 g Pellkartoffeln	durch die Kartoffelpresse drücken,
100 g Mandeln	fein reiben,
2 EL Honig	mit
100 g Butter	schaumig rühren, nach und nach
4 Eigelb	zugeben, dann die Kartoffeln und die Mandeln einarbeiten,
abgeriebene Zitronenschale	zugeben.
4 Eiweiß	steif schlagen und vorsichtig unterheben, in gefettete Auflaufform geben, bei 200° C ca. 35-40 Minuten backen, mit Vanille- oder Fruchtsauce servieren.

Als ich mir die Rezepte für dieses Buch überlegte, hatten wir eines Abends Gäste, und Ingrid wählte nach langem Wälzen von sehr vielen Kochbüchern und selbst zusammengestellten Rezeptsammlungen einen Gemüseflan als Hauptgericht aus.

Ich war nicht besonders begeistert davon, denn dieses Rezept hatte ich privat mindestens schon zweimal in den letzten Jahren gekocht, und beim dritten Mal wird es langsam langweilig. Aber ich erfüllte ihren Wunsch. Dabei kam mir der Gedanke, dies auch mal süß zu probieren. Hier das Ergebnis.

Obstflan

30 g Rosinen	in
150 ml Wasser	kurz aufkochen und quellen lassen.
100 g Himbeeren	halbieren,
1 Apfel	halbieren, schälen, Kerngehäuse herausschneiden und nicht zu fein raspeln, ebenso
1 Pfirsich.	Das kleingeschnittene Obst mit
150 g Johannisbeeren	und den abgetropften Rosinen mischen und in 4 gut gefettete Timbaleformen geben.
4 Eier	mit
50 ml Rosinen-einweichwasser	
50 g Himbeeren	und im Mixer pürieren, bis sich eine rötliche Farbe herausbildet. Dann
30 g Gerste	und

30 g Hafer Zimt, Ingwer	sehr fein mahlen und mit in die Eimasse rühren. Die Masse über das Obst in die Förmchen gießen. Im vorgeheizten Ofen ins Wasserbad stellen und bei 180° C ca. 35-40 Minuten backen. Aus dem Ofen nehmen, auf einen Teller stürzen und mit Fruchtsauce servieren.

○ Tip: Sie können auch Tassen statt der Timbaleformen nehmen,
oder das ganze in einer sehr flachen Auflaufform backen,
dann jedoch genügend Wasser in die Fettpfanne geben.

Das nächste Rezept, eigentlich die beiden nächsten, können eigentlich nur in Schwaben entstanden sein. Denn uns Schwaben sagt man ja nach, daß wir besonders sparsam seien. Uns nicht Wohlgesinnte sagen etwas drastischer: „Schwaben sind wegen besonderen Geizes des Landes verwiesene Schotten". Doch soweit möchte ich nicht gehen, trotzdem stammen die Rezepte von einer sparsamen Hausfrau, die nichts wegwirft, was noch nicht verdorben ist.

Kirschenmichel

4 altbackene Brötchen	oder
4 Scheiben Toastbrot	mit
250 ml heißer Milch	übergießen und quellen lassen.
750 g Kirschen	entsteinen.
75 g Mandeln	fein reiben,
50 g Butter	mit
2-3 EL Honig	verrühren, nach und nach
3 Eigelb	und die Mandeln zugeben, mit
Zimt, Nelken	würzen. Die Eiercreme mit den eingeweichten Brötchen vermengen, die Brötchen dabei etwas zerreißen.
3 Eiweiß	steif schlagen und mit den Kirschen unterheben, Auflaufform einfetten und mit Semmelbrösel ausstreuen. Bei 200° C ca. 50 Minuten backen.

○ Tip: Wenn Sie statt der Kirschen Äpfel nehmen und statt die Eier zu trennen, diese gleich mit der Milch verquirlen...

Also, ich glaube die Beschreibung wird zu kompliziert, dann schreibe ich Ihnen das Rezept für den Ofenschlupfer doch genau auf.

Ofenschlupfer

4 altbackene Vollkornbrötchen	in dicke Scheiben schneiden und in eine Schüssel geben,
250 ml Milch	mit
2 Eiern, 1-2 EL Honig, reichlich Zimt, Vanille	verquirlen und über die Brötchenscheiben gießen, diese mehrmals wenden, damit sie ganz durchtränkt werden.
750 g Äpfel	schälen und in Scheiben schneiden, mit
Ingwer, Zimt	würzen. Brötchenmasse und Äpfel lagenweise abwechseln in Auflaufform schichten, bei 180° C ca. 45 Minuten backen. Heiß mit kalter Vanillesauce servieren.

○ Tip 1: Sie können unter die Äpfel auch Rosinen und gehackte Nüsse mischen.

○ Tip 2: Wenn Sie Lust auf Ofenschlupfer haben und keine altbackenen Vollkornbrötchen im Hause sind, nehmen Sie einfach Vollkornzwieback.

Bleiben wir in meiner Heimat und kommen wir zu meinem Lieblings-
obst, zu den Johannisbeeren oder Träuble. Das nächste Rezept stammt
zwar von mir, aber meine Frau Ingrid hat es noch verfeinert. Sie darf
eigentlich bei uns zu Hause nicht oft kochen, denn das mache meist
ich, aber so einige Gerichte bereitet sie gerne zu.

Ingrids Träublesauflauf

50 g Haselnüsse	fein mahlen, mit
750 g Quark,	
4 Eiern,	
100 g Vollkorngrieß,	
80-100 g Honig,	
Vanille, Zimt,	
abgeriebener	
Zitronenschale,	
2 TL Backpulver	gut verrühren. Auflaufform einfetten,
	die Hälfte der Quarkmasse einfüllen,
500 - 600 g rote	
Träuble (Johannisbeeren)	darauf verteilen, restlichen Quark
	darüber geben. Bei 200° C
	ca. 45-50 Minuten backen.

○ Tip: Bei frischen Träublen oder wenn sie noch nicht ganz auf-
getaut in den Teig kommen, empfiehlt es sich, die Menge
der Nüsse zu erhöhen. Genauso gut schmecken aber auch
Mandeln.

○ Tip: Wenn ich den Auflauf backe, gebe ich noch Ingwer zu.

Pfannkuchen und Co.

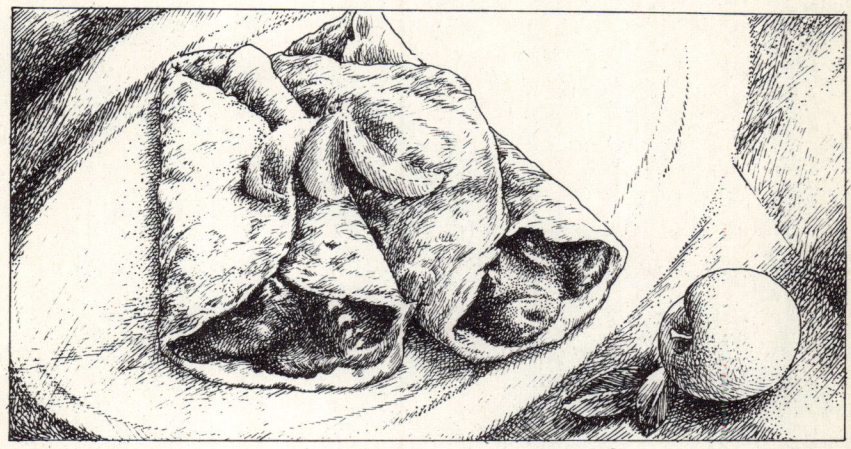

Bei den Gerichten aus der Pfanne oder dem Waffeleisen müssen Sie
bei der empfohlenen Verwendung von Honig beim Braten besonders
aufpassen. Die Pfannkuchen und Waffeln bräunen schneller als mit
Farbrikzucker, auf den Sie aber trotzdem verzichten sollten. Als Fett
verwende ich am liebsten Erdnußöl, das fürs Erhitzen besser
geeignet ist als Sonnenblumenöl.

Pfannkuchen

250 g Weizen
4 Eiern, Salz,
knapp 400 ml Milch,
Muskat

fein mahlen, mit

gut verrühren. Teig mit der Schöpfkelle in
eine Pfanne geben, Teig darin verteilen,
damit ein dünner Pfannkuchen entsteht.
Auf beiden Seiten je 3-5 Minuten
ausbacken

○ Tip 1: Wenn Sie es feiner lieben, wählen Sie statt Weizen Dinkel,
oder ersetzen Sie einen Teil der Milch durch Sahne. Sie
können natürlich auch beides tun.

○ Tip 2: Lecker schmeckt es auch, wenn Sie einen Teil des Weizens
durch Buchweizen ersetzen.

○ Tip 3: Wenn Sie lieber ein Ei weniger nehmen wollen, so ersetzen
Sie 125 ml Milch durch 150 ml Mineralwasser.
Entsprechend können Sie auch auf das zweite und dritte Ei
verzichten.
Wenn Sie überhaupt keine Eier verwenden wollen, sollten
sie die Pfannkuchen kleiner ausbacken, denn sie brechen
sehr leicht auseinander. Mit Buchweizen-, Reis- oder
Kichererbsenmehl ist das Ausbacken einfacher.

Zu Pfannkuchen passen Kompott, frisches Obst, Marmelade und Honig, man kann aber auch pikante Beilagen wählen oder das Obst bereits mitbacken, wie beim

Birnenpfannkuchen

Je 100 g Dinkel, Buchweizen, Roggen	fein mahlen, mit
2 Eiern, 250 ml Sahne, 350 ml Mineralwasser	zu einem Teig verrühren, 15-20 Minuten quellen lassen.
75 g Haselnüsse	nicht zu grob hacken,
300 g Birnen	in den Teig raspeln, Nüsse zugeben und mit
Zimt	kräftig würzen. In einer Pfanne ausbacken.

○ Tip: Wenn Sie besonders saftige Birnen verwenden wollen, sollten Sie beim Mineralwasser zunächst eine geringere Menge nehmen und erst nach dem Ausquellen entscheiden, ob sie die gesamte Flüssigkeit wirklich benötigen.

Und setzen Sie nun den Pfannkuchen die Krone auf, mit den

Kirschen überbacken

250 g Weizen	fein mahlen.
Salz, 2 Eigelb,	
250 ml Mineralwasser,	
250 ml Milch	verquirlen und nach und nach das Mehl einrühren. Teig 30 Minuten quellen lassen.
2 Eiweiß	steif schlagen und unter den Teig heben.
Kokosfett	in der Pfanne erhitzen und Teig mit der Schöpfkelle in die Pfanne geben. Pfannkuchen auf der einen Seite in 5 Minuten goldgelb backen, dann wenden und andere Seite noch 3 Minuten backen. Dies sollte ca. 8 Pfannkuchen ergeben.
500 g Kirschen	entsteinen, Kirschen auf den Eierkuchen verteilen. Von 2 Seiten einschlagen, aufrollen und in gefettete Auflaufform legen. Oberseite kreuzweise leicht anritzen.
50 g Butter	mit
2 Eiern, Vanille, Zimt,	
50-80 g Honig,	
250 ml Milch	schaumig schlagen,
100 g Nüsse	grob raspeln und zugeben. Masse über die Pfannkuchen geben. Im Backofen bei 220° C ca. 15 Minuten überbacken.
250 ml Kirschsaft	mit eventuell übriggebliebenen Kirschen aufkochen.
20-30 g Reismehl	einrühren und Saft damit andicken. Getrennt zu den warmen Pfannkuchen servieren.

Ganz aus Buchweizen ist die russische Variante des Pfannkuchen: Blinis. Zumeist werden sie bei pikanten Gerichten verwendet, doch sie schmecken auch vorzüglich mit einer herbsüßen Fruchtcreme.

Blinis

175 g Buchweizen	fein mahlen, mit
20 g Hefe,	
2 Eiern,	
250 ml Milch,	
1 EL Honig	gut verrühren und einige Minuten quellen lassen. Dann in der Pfanne kleine Küchle ausbacken.
200 g Rhabarber	mit
100 ml Apfelsaft	und
2 EL Honig	weichkochen, pürieren und abkühlen lassen. Dann mit
200 g Crème fraîche	mischen, mit
Ingwer, Vanille	würzen und mit den Blinis servieren.

○ Tip: Statt Rhabarber können Sie auch anderes Obst verwenden.

○ Tip: Wenn Ihnen Crème fraîche zu fett ist, können Sie auch Joghurt unter das Rhabarbermus ziehen, oder auch das reine Mus verwenden.

Nicht wie die vorherigen Rezepte mit Mehl, sondern aus gekochten und pürierten Hirsekörnern werden die folgenden Crepes zubereitet. Noch intensiver und appetitlicher wird das Hirsegelb, wenn Sie eine Prise Safran zufügen. Denn Safran macht nicht nur den Kuchen gelb, wie ein alter Kinderspruch lautet, sondern auch die Crepes.

Hirsecrepes

250 ml Milch	aufkochen,
100 g Hirse	unter heißem Wasser abwaschen und in die Milch geben, einige Minuten kochen. Dann vom Herd nehmen und ausquellen lassen. In den Mixer geben und fein mixen, dabei nach und nach
3 Eier, 100 ml Sahne, 1 EL Honig, Vanille, 30 g Dinkelmehl	zugeben. In der Pfanne dünne Crepes von beiden Seiten ausbacken.

O Tip: Dazu paßt am besten eine Himbeersauce, und nicht nur farblich gibt ein Klacks Sahne einen zusätzlichen Pfiff.

Der amerikanische Pfannkuchen ist dicker als unserer, dies liegt an
der bei uns nicht üblichen Verwendung eines Triebmittels, in diesem
Fall des Backpulvers.

Pancake

250 g Weizen	fein mahlen, mit
1 EL Honig, Salz,	
1 TL Backpulver	in eine Schüssel geben.
3 Eigelb	mit
250 ml Milch	und
50 g zerlassener	
Butter	verquirlen und mit dem Mehl
	verrühren.
3 Eiweiß	steifschlagen und unterheben,
	in der gefetteten Pfanne Pfannkuchen
	ausbacken und servieren.

○ Tip: Sie können dazu Sahne oder Zimtsahne, geschlagenen Tofu,
eine Fruchtpaste oder - sauce servieren, aber am besten
schmeckt dazu - dies muß ich zugeben - Ahornsirup.
Ich bin eigentlich kein Freund davon, denn Dr. Bruker, der
erfahrene Verfechter der Vollwerternährung, zählt ihn nicht
ganz zu Unrecht zu den Fabrikzuckerarten, die man besser
meiden sollte. Außerdem belastet er auch den Geldbeutel,
denn er ist nicht gerade billig, aber zu den Pancakes paßt er
ganz besonders gut.

Einfachheit ist Trumpf, zumindest gilt dies bei den Waffeln, obwohl auch exotischere Varianten ihren Reiz haben.

Eigentlich könnte ich Ihnen hier leicht und locker 6-8 verschiedene Waffelrezepte aufschreiben und damit das Buch noch ein bißchen dicker machen. Doch ich möchte Ihnen mit meinen Tips nur Anregungen geben, wie variabel Waffeln gemacht werden können.

Lassen Sie Ihrer Kreativität freien Lauf. Denn Kochen ist - zumindest für mich - mehr, als das exakte Befolgen noch so interessanter Rezepte. Kochen ist nicht nur Arbeit, sondern im Gegenteil: Es ist Hobby, es macht Spaß, immer wieder etwas Neues zu kreieren und sei es nur eine neue Geschmacksvariante.

Nun denken Sie vielleicht, der hat gut reden, er kocht nur zum Spaß. Nun das stimmt nicht, über 3 Jahre habe ich mindestens 6 Tage in der Woche in meinem Vollwertrestaurant gekocht und dazu viele Kochkurse gegeben. Vorher und seither koche ich fast täglich alles in unserem 2 Personenhaushalt.

Und mir wird es nie langweilig, allerdings habe ich manchmal Probleme, wenn Ingrid oder unsere Gäste sagen, das hat besonders gut geschmeckt, koch das mal wieder. Denn ich merke mir nie, wie ich gekocht habe, außer ich probiere Rezepte für ein neues Buch aus.

Doch genug der (zu langen?) Vorrede, hier das Rezept

Waffeln

150 g Weizen,	
50 g Roggen	fein mahlen, mit
gut 250 ml Mineralwasser,	
Salz	gut verrühren. Waffeleisen mit Butter gut einfetten, Teig mit Schöpfkelle in Waffeleisen geben, das Eisen schließen und je nach Geschmack knusprig backen.

○ Tip 1: Verwenden Sie statt Mineralwasser Milch.

○ Tip 2: Ersetzen Sie den Roggen durch Reis, Mais, gemahlene Mandeln oder Nüsse.

○ Tip 3: Backen Sie statt mit Weizen mal mit Dinkel.

○ Tip 4: Geben Sie einen Teelöffel Honig bei. Vorsicht: Die Waffeln werden dann schneller braun.

○ Tip 5: Geben Sie Zimt, Vanille oder Ingwer in den Teig.

○ Tip 6: Rühren Sie 1-2 Eier in den Teig.

Gerade jetzt zur Weihnachtszeit, als ich diese Rezepte schreibe, finde ich auf allen Weihnachtsmärkten ein Gericht, das mir das Wasser im Munde zusammenlaufen läßt: Kartoffelpuffer mit Apfelmus.

Kartoffelpuffer

750 g rohe Kartoffeln	fein reiben, ebenso
1 kleine Zwiebel	und mit
200 g Magerquark,	
3 EL Buchweizenmehl,	
Salz	zu einem glatten Teig verrühren.
	In einer Pfanne in heißem
Öl	portionsweise in dünnen Fladen auf
	beiden Seiten in je gut 3 Minuten
	ausbacken.

○ Tip 1: Wenn sie statt Quark pürierten Tofu verwenden, ist das Gericht tierisch eiweißfrei.

○ Tip 2: Sie können den Quark und das Mehl auch weglassen und dafür 2 Eier verrühren.

○ Tip 3: Servieren Sie dazu das selbstgemachte, rohe Apfelmus (siehe Rezept Seite 58).

Nicht rohe, sondern gekochte Kartoffeln sind der wesentliche Bestandteil der folgenden Pfannküchle.

Kartoffelpfannküchle

180 g Roggen	fein mahlen,
50 g Butter	schaumig rühren, Mehl zugeben und Butter unterarbeiten.
500 g gekochte Kartoffeln vom Vortag	fein reiben, mit
2 EL Honig	und
200 ml Milch,	
20 g Hefe	zu einem glatten Teig verrühren. Dabei mit
Anis, Muskatblüte, Zimt	kräftig würzen. Teig gut 10 Minuten in der Wärme ruhen lassen. Dann aus dem Teig kleine Küchle mit einer Dicke von ca. 1/2 cm bilden und in einer Pfanne mit heißem
Fett	langsam auf beiden Seiten ausbacken.

○ Tip: Hierzu sollten Sie eine herbsüße Beilage wählen, z.B. Hägenmark, also eine nicht zu süße Hagebuttenmarmelade oder -creme.

○ Tip: Nehmen Sie statt Milch und Butter 20 ml Sonnenblumenöl und 220 ml Mineralwasser, und schon haben Sie die tierisch-eiweißfreie Variante.

Aus Sachsen stammt das nächste Gericht. Von ihm haben wir uns bei unserem letzten Besuch im Elbsandsteingebirge gerne verwöhnen lassen. Mit Vollkorn statt Weißmehl schmeckt es uns noch besser.

Quarkkeulchen

75 g Rosinen
mit etwas heißem Wasser überbrühen.

500 g Pellkartoffeln vom Vortag
fein reiben oder durch die Presse drücken, mit

250 g Quark, 2 Eiern, 50-100 g Weizenvollkornmehl, 40 g Honig, Salz, Zimt, abgeriebener Zitronenschale
zu einem Teig verkneten. Wasser von den Rosinen abgießen, diese abtrocknen und sie dann mit ein wenig

Mehl
bestäuben und in den Teig einarbeiten.

Butter
in der Pfanne erhitzen. Vom Teig mit dem Eßlöffel Klöße abstechen und dann flachdrücken. In der Pfanne bei schwacher Hitze auf jeder Seite in gut 6 Minuten goldbraun backen. Keulchen warm mit Apfelmus oder Kompott servieren.

O Tip: Durch den Honig werden die Keulchen sehr schnell braun, und wenn die Pfanne zu heiß ist, sind sie leicht verbrannt. Daher brate ich sie, vor allem bei größeren Mengen, in der Pfanne auf beiden Seiten nur kurz an, gebe sie auf ein gefettetes Blech und backe sie bei 200° C 15 Minuten im Ofen. In der Zwischenzeit bereite ich die weiteren Keulchen vor. Zum Schluß brate ich sie dann in der Pfanne noch knusprig braun.

„Schmarrn", sagt man in Bayern, wenn man etwas für Blödsinn hält oder wenn man etwas abwerten will oder wenn man etwas ganz besonders Leckeres zum Essen meint.

Schmarrn

30 g Rosinen	in
etwas Wasser	eine halbe Stunde einweichen.
75 g Dinkel,	
50 g Gerste	fein mahlen.
3 Eigelb	mit
1-2 TL Honig,	
Vanille, Salz	cremig rühren, bis die Masse eine hellgelbe Farbe hat, nach und nach das Einweichwasser und
Milch	zugeben (insgesamt ca. 400 ml), ebenso das Mehl. Rosinen trockentupfen und einrühren.
3 Eiweiß	sehr steif schlagen und vorsichtig unterheben.
Butter	in einer Pfanne erhitzen, Teig etwa 1/2 cm hoch einfüllen. Bei kleiner Hitze 3-4 Minuten anbraten, dann wenden. Vor dem Wenden nochmals etwas Butter zugeben, auch die andere Seite 3 Minuten anbraten. Mit zwei Gabeln unregelmäßig zerrupfen. Warm stellen. Restliche Schmarrn gleich zubereiten. Dann alle Stücke in Butter in 2-4 Minuten fertigbraten und heiß servieren. Mit
1-2 EL Kokosflocken	bestreuen und servieren.

Und noch ein Schmarrn.

Semmelschmarrn

8 altbackene Brötchen,	aber nicht zu harte, in dünne Scheiben oder Würfel schneiden und in eine Schüssel geben.
600 ml Milch	mit
3 Eiern	und
1 EL Honig, Zimt	verquirlen und über die kleingeschnittenen Brötchen geben, diese 45 Minuten darin tränken, hin und wieder umrühren. Alles dann zu einem Teig verrühren. Diesen portionsweise in die mit
Butter oder Fett	erhitzte Pfanne geben und auf jeder Seite 3 Minuten backen. Dann mit der Gabel in kleine Stücke zerreißen und diese weitere 3 Minuten braten. Auf Teller geben, mit etwas
flüssigem Honig	begießen und mit
Zimt	bestreuen.

○ Tip 1: Genauso gelingt das Rezept auch mit altbackenem Brot, wenn man dieses etwas länger einweicht, damit auch die harte Kruste weich wird.

○ Tip 2: Wer Rosinen liebt, wird auch hier nicht darauf verzichten.

Jetzt habe ich wieder ein Problem: Welche Kapitelüberschrift stelle ich über das folgende Sammelsurium von Hauptgerichten? Also ehrlich, das ist viel schwieriger, als ein neues Rezept zu erfinden. Aber ganz so wichtig ist es auch wieder nicht, Hauptsache Sie finden in dem Kapitel

Noch mehr süße Hauptgerichte

Lassen Sie mich dieses Kapitel mit einem typisch schwäbischen Rezept beginnen, nämlich mit

Apfelspatzen

500 Spätzle	nach Grundrezept herstellen, (da fällt mir ein, haben Sie überhaupt das Grundrezept, ein Schwabe hat es wohl immer, aber auch vollwertig? Gehen wir auf Nummer sicher, auf der nächsten Seite bringe ich Ihnen noch einmal das Grundrezept.)
	In der Zwischenzeit
4-5 Äpfel	grob raspeln, mit
Zitronensaft	beträufeln,
1 EL Honig, Zimt	zufügen. Spätzle in der Pfanne mit etwas
Fett	anbraten, Apfelmasse einrühren, diese in der Pfanne weich dünsten und mit
Zimt	bestreut servieren.

○ Tip: Leicht exotisch schmecken die Spatzen, wenn Sie noch Kokosraspeln drüberstreuen und die Äpfel mit Ingwerpulver oder 1 TL frisch geriebenem Ingwer weich dünsten.

Und hier das versprochene A & O der schwäbischen Vollwert-Küche:

Spätzlesrezept

375 g Dinkel	sehr fein mahlen, mit
Kräutersalz, Muskat,	
3 Eiern,	
knapp 1/4 l Wasser	verrühren, kräftig schlagen, bis sich im Teig Blasen bilden, dann den Teig mit dem Spätzleshobel (oder -presse) in
2-3 l kochendes	
Salzwasser	hobeln oder pressen, aufkochen, ab und zu umrühren, mit dem Schaumlöffel herausnehmen und mit kaltem Wasser abschrecken, eventuell
etwas Butter oder Öl	zugeben, umrühren und erkalten lassen.

O Tip 1: Sie können natürlich auch Weizen statt Dinkel nehmen. Besonders kräftig schmecken die Spätzle, wenn Sie einen Teil des Getreides durch Roggen ersetzen.

O Tip 2: Die original-schwäbischen Spätzle werden nicht durch eine Maschine gepreßt oder gehobelt, sondern man gibt einen Teil des Teiges auf ein Brett und schabt sie direkt ins Wasser. Nicht ganz einfach, wenn man es nicht gezeigt bekommt. Aber die Spätzle schmecken auch, wenn sie wie beschrieben hergestellt werden.

Der Name Knöpfle macht schon deutlich, daß wir immer noch in Schwaben weilen.

Apfel-Rosinen-Knöpfle

400 g Dinkel	und
100 g Buchweizen	fein mahlen.
3 Eier	mit
Salz, 2 EL Honig,	
Saft und abgeriebener	
Schale von 1/2 Zitrone,	
1/8 l Milch, 2 EL	
zerlassener Butter	verquirlen, nach und nach das Mehl einstreuen und einrühren.
100 g Rosinen	in den Teig mischen sowie
400-500 g Äpfel	in den Teig raspeln, alles gut vermischen. Klöße mit dem Löffel abstechen.
2-3 l Wasser	aufkochen,
etwas Salz	zufügen, Knöpfle in siedendem Wasser 20 Minuten ziehen lassen und dann herausnehmen.
100 g Butter	mit
50 g Honig	erhitzen, bis die Masse flüssig wird, über die Knöpfle gießen und mit
Zimt	bestreuen.

Pflaumenknödel gehören zu den Leibspeisen Ingrids, eigentlich sogar der ganzen Familie. Daher habe ich meine Schwiegermutter nie beneidet, wenn sie so um die 100 Knödel - zwischen zwanzig und dreißig pro Person- herstellen durfte. Sie schmecken - na probieren Sie sie einfach, aber machen Sie mir keinen Vorwurf, wenn es Ihnen wie meiner Schwiegermutter geht.

Pflaumenknödel

200 g gekochte	
Kartoffeln vom Vortag	schälen und fein reiben
500 g Weizen	fein mahlen, beides mit
1 Ei, Salz,	
200 ml Mineralwasser	zu einem Teig kneten.
1 kg Pflaumen	waschen. Walnußgroßes Teigstück auf der Hand flachdrücken, 1 Pflaume darauflegen und mit dem Teig ganz umhüllen. In köchelndes
Salzwasser	geben und ziehen lassen, bis die Knödel oben schwimmen.
100 g Butter	mit
50 g Honig, Zimt	erwärmen und zu den Knödeln servieren.

○ Tip: Versuchen Sie, den die Pflaumen umhüllenden Teigmantel so dünn wie möglich herzustellen.

Dieses Gericht erinnert mich an eine etwas peinliche Geschichte bei einem meiner vielen Kochkurse. Als ich die Pflaumenknödel zubereiten ließ, war eine jüngere Hausfrau dabei, die sich vielleicht von einem Mann nichts vorschreiben lassen wollte. Sie wog also die Zutaten nicht ab, sondern schätzte die Menge aus ihrer - nicht sehr großen - Erfahrung nur ab, was ich leider bei 14 oder 16 Teilnehmer und -innen nicht bemerkte. Sie gab die Knödel in das Salzwasser und wir aßen zunächst die anderen vorbereiteten Gerichte. Als dann die Pflaumenknödel serviert werden sollten, schwammen die Pflaumen ohne Kleider nackt im nun ziemlich teigigen Wasser. Pech. Die Erkenntnis daraus: Gerade bei Knödel, die im Wasser gekocht werden, sollte man die Mengenverhältnisse ziemlich genau einhalten.

Ganz ähnlich, allerdings nicht mit Kartoffeln, sondern mit Quark werden die Aprikosenknödel gemacht.

Aprikosenknödel

500 g trockenen Quark 2 Eiern, 1-2 EL Honig, abger. Orangenschale	mit verrühren.
200 g Weizen	mahlen, hinzufügen bis formbarer Teig entsteht.
12 Aprikosen	waschen, so weit aufschneiden, daß Sie den Kern herausnehmen und ihn durch eine Mandel ersetzen können, also insgesamt
12 Mandeln.	Mit dem Teig die Aprikosen umhüllen und Knödel formen, in
kochendem Salzwasser	15 Minuten ziehen lassen.
100 g Butter	leicht bräunen lassen und über die Knödel gießen und servieren.

Bleiben wir bei Knödel, bereiten sie mit Hefe zu, füllen sie mit Pflaumenmus, und schon haben wir den Germknödel, den ich allerdings für mich nicht ganz stilecht serviere. Denn eigentlich gehört zur zerlassenen Butter noch gemahlener Mohn, doch ich mag keinen Mohn und verzichte daher darauf.

Germknödel

200 g getrocknete Pflaumen	ca. 12 Stunden in Wasser einweichen.
500 g Dinkel	fein mahlen, mit
20 g Hefe, 200 ml Milch, 1 Ei, Prise Salz, 1-2 EL Einweichwasser, Vanille	und
50 g weicher Butter	Hefeteig herstellen, 30 Minuten ruhen lassen. Pflaumen pürieren und mit
Zimt	würzen. Mehrere Teigstücke plattdrücken, pürierte Pflaumen darauf geben und Knödel formen, nochmals 10 Minuten gehen lassen. Knödel in
schwach gesalzenem Wasser	aufkochen und in 15 Minuten garziehen lassen. Mit zerlaufener Butter servieren.

○ Tip: Sie können auch frische Pflaumen pürieren. Sind diese zu saftig, geben Sie noch gemahlene Nüsse in die Füllung.

Noch eines meiner beliebten Donnerstagsrezepte.

Carob-Reis-Küchle

250 g Rundkornreis	in
500 ml Milch	in ca. 30-40 Minuten weichkochen. Dann
2 EL Carob, Vanille,	
1-2 EL Honig,	
50 g gemahl. Mandeln	unterrühren, noch warm ca. 1 cm dick auf ein mit kaltem Wasser abgespülten Blech streichen. Reismasse erkalten lassen. Im Backofen bei 200° C ca. 15-20 Minuten backen, mit etwas Honig beträufeln, dann mit
Zimt	bestreuen und einer Fruchtsauce servieren.

○ Tip: Schlagsahne oder geschlagener Tofu sind mehr als nur eine Garnierung.

Suppen und Saucen

- oder heißt es eigentlich Soßen -
gehören in Schwaben zu jedem
Mittagessen, also auch zu den
süßen Gerichten. Und auch
außerhalb von Schwaben werden
die folgenden Rezepte geschätzt.
Wetten?

In meinem Vollwertlokal war eigentlich immer eine ganz gute Nach-
frage nach Suppen, nur um eine Art haben meine Gäste immer einen
großen Bogen gemacht, um Brotsuppen aller Art. Brotsuppe klang in
ihren Ohren immer nach einem Arme-Leute-Essen. Doch lassen Sie
sich von diesem Vorurteil nicht irritieren, versuchen Sie einmal die

Süße Brotsuppe

150 g trockenes	
Vollkornbrot	und
2-3 Äpfel	kleinschneiden,
500 ml Wasser	mit
500 ml Apfelsaft	aufkochen, Vollkornbrot und Äpfel sowie
30 g Rosinen,	
1-2 EL Honig	zugeben, mit
Zimt, Nelken	würzen. 5 Minuten ziehen lassen.
	Warm servieren

○ Tip: Nach Wunsch eventuell mit geschlagener Sahne garnieren.

Wenn Ihnen eine süße Suppe - vielleicht nach einem frischen Salat als Hauptspeise - reicht, sollten Sie mal die Carobsuppe kochen.

Carobsuppe mit Schneebällchen

60 g Weizen	fein mahlen, in einer Pfanne ohne Fett leicht anrösten, abkühlen lassen.
1 l Milch	aufkochen. In der Zwischenzeit
2 EL Honig, 3 Eigelb, 2-3 EL Carob, Vanille	cremig rühren, mit dem Mehl unter die heiße Milch rühren, nochmals kurz aufwallen lassen.
3 Eiweiß	steifschlagen, mit dem Löffel kleine Bällchen abstechen, kurz in
kochendes Wasser	geben, die Bällchen herausnehmen, auf die Suppe setzen und servieren.

Manche essen die süße Suppe, wie bei anderen Suppen üblich, auch als Vorspeise, dann sollte sie keinesfalls zu süß sein. Aber die Buttermilchsuppe können Sie natürlich auch als Dessert reichen.

Buttermilchsuppe

100 g getrocknete Zwetschgen	über Nacht in etwas Wasser einweichen, im Einweichwasser kurz aufkochen.
1 l Buttermilch	mit
1-2 EL Pfeilwurzelmehl	verrühren und unter Rühren aufkochen.
Salz, abgeriebene Zitronenschale	zugeben, 5 Minuten köcheln lassen.
2-3 EL Einweichwasser	zum Süßen zugeben, mit
Saft 1/2 Zitrone	abschmecken. Dann das abgetropfte Obst zugeben und servieren.

Heidelbeeren sind besonders schmackhaft, am besten schmecken - wie immer bei Beeren - die wildwachsenden und selbstgepflückten, wenn man nicht durch Zeitungsberichte über mögliche Krankheitsgefährdungen zu sehr verunsichert ist.

Heidelbeer-Kaltschale

300 g Heidelbeeren	waschen, 200 g mit
2 EL Honig,	
750 ml Wasser	aufkochen,
50 g Reismehl	einrühren und 5 Minuten weiterkochen. Unter gelegentlichem Rühren abkühlen lassen.
1 Scheibe Vollkorntoast	in wenig
Butter	in der Pfanne von beiden Seiten anbraten, in kleine Würfel schneiden.
100 ml Sahne	steifschlagen. Kaltschale mit den restlichen Heidelbeeren, den Toastwürfeln und der Sahne garnieren und servieren.

Zu Aufläufen, Puddings und vielem mehr gehören ganz einfach Saucen dazu, mal auf Basis von Milch und Sahne, mal auf Basis von Früchten. Die Gewürze können meist ausgetauscht werden, so können Sie das folgende Rezept natürlich auch mit Zimt zubereiten und das übernächste mit Vanille.

Vanillesauce

50 g Reis	sehr fein mahlen,
500 ml Milch	mit reichlich
Vanille	aufkochen, Reismehl mit dem Schneebesen klumpenfrei einrühren, nach Geschmack
2-3 EL Honig	dazugeben, auf ausgeschalteter Platte 10-15 Minuten quellen lassen, warm oder kalt servieren.

○ Tip: Wenn Sie Ihren Verbrauch an tierischem Eiweiß reduzieren wollen, - ich mache dies mit gutem Erfolg während der Heuschnupfenzeit, um die negativen Wirkungen dieser allergischen Reaktion erheblich zu vermindern - nehmen Sie statt der Milch 100 ml Sahne und 400 ml Wasser.

Zimtcreme

300 ml Milch
200 ml Sahne,
Zimtrinde oder -stange

2 Eier, 50 g Honig,
2 EL Wasser

Zimtpulver

mit

aufkochen, anschließend
Zimtrinde/-stange herausnehmen.

in einen Topf geben, in heißem Wasserbad
schaumig schlagen (nicht kochen lassen).
Vom Herd nehmen, etwas kaltrühren.
Zimtmilch zugeben, eventuell noch mit
nachwürzen. Im Wasserbad unter Rühren
bis kurz vor den Siedepunkt erhitzen.
In Saucenschale gießen und abkühlen
lassen.

Bei den folgenden Obstsaucen können Sie natürlich auch andere Obstsorten wählen.

Himbeersauce

1 EL Reismehl	mit
1 EL Pfeilwurzelmehl, Vanille, Zimt, abgeriebener Zitronenschale	mischen, mit
125 ml Wasser	und
2 EL Honig	glattrühren.
200 g Himbeeren	zufügen, aufkochen und 5 Minuten köcheln lassen. Warm oder kalt servieren.

Zwetschgen-Fruchtsauce

250 g Zwetschgen	entsteinen, mit
250 ml Apfelsaft	pürieren, mit
Zitronensaft, Nelken, Zimt, eventuell Honig	würzen, warm oder kalt servieren.

Kirschsauce

150 ml Kirschsaft	mit
1 EL Honig, abgeriebener Schale	
1/2 Zitrone	aufkochen.
250 g Schattenmorellen	entsteinen und ins Wasser geben.
2 EL Maismehl	klumpenfrei einrühren, alles 5 Minuten kochen, mit
Vanille, Zimt	würzen. Ganz kurz pürieren, so daß noch Fruchtstücke in der Sauce vorhanden sind.

Nicht ganz so fruchtig wie die letzten Saucen, aber genauso gut ist die

Apfelsahne

150 ml Sahne	mit
1-2 EL flüssigem Honig	halbsteif schlagen,
2 süße Äpfel	mit der Schale fein in die Sahne raspeln, mit
Zimt, Vanille	würzen und zu Pfankuchen oder einem Auflauf servieren.

○ Tip: Mischen Sie 1-2 EL gemahlene Nüsse darunter.

Wenn es im Winter kaum frisches Obst gibt, ist die Rosinensauce mehr als nur eine einfache Alternative.

Rosinensauce

250 ml roten Traubensaft	mit dem Saft von
3 Orangen,	
2 Scheiben Zitronen,	
3 Nelken, Zimtrinde,	
50 g Rosinen	aufkochen.
1-2 EL Pfeilwurzelmehl	in etwas
Wasser	auflösen, in Saft einrühren, Nelken, Zimtrinde und Zitronenscheibe herausnehmen. Ggf. mit
Honig	abschmecken.

Noch zwei einfache Saucenrezepte.

Sauce aus Trockenfrüchten

100 g gemischte Trockenfrüchte (Zwetschgen, Aprikosen) 200-250 ml Wasser	mit aufkochen und gut 1 Stunde quellen lassen. Mit dem restlichen Einweichwasser pürieren und nach Bedarf noch
Obstsaft	zugeben, bis die gewünschte Konsistenz erreicht ist.

Schnelle Obstsauce

500 ml roten Traubensaft 50 -80 g Gerste	aufkochen, in der Zwischenzeit sehr fein mahlen, mit dem Schneebesen in den Saft einrühren, vom Herd nehmen, etwas abkühlen lassen und servieren.

○ Tip: Ist die Sauce zu fest, noch etwas Saft einrühren.

○ Tip: Noch weniger Arbeit haben Sie, wenn Sie statt Mehl einfach 50 g Weizengrieß verwenden.

Bei manchen Rezepten frage ich mich, in welches Kapitel sie am besten passen, so geht es mir z.B. auch beim Apfelmus. Gehört es hierher oder könnte man es zu den Fruchtcremes bei den Aufstrichen hinzufügen oder als eigenständiges Fruchtdessert behandeln oder gleich bei den Quarkkeulchen aufführen. Ich habe mich für dieses Kapitel entschieden.

Rohes Apfelmus

Saft von 2 Zitronen abgeriebenen Schale	mit der
1 Zitrone	und
1-2 EL Honig, Zimt, Ingwer	gut verrühren.
1 kg Äpfel	vierteln, Kerngehäuse entfernen und mit feiner Reibe in den Saft reiben, größere Schalenteile entfernen. Jeden Apfel sofort unterrühren.

○ Tip: Zu Pfannkuchen, Kartoffelpuffer, Quarkkeulchen oder ähnlichem servieren.

○ Tip: Mit geschlagener Sahne oder Tofu verfeinert ist es auch ein eigenständiges Dessert, dazu noch einige gehackte Nüsse oder Rosinen. Und niemand denkt mehr an eine Beilage.

Puddings und Flammeris

Zu Puddings habe ich ein etwas
gespaltenes Verhältnis, ich
genieße sie beim Essen, und sie
bereiten mir bei der Zubereitung
immer etwas Sorgen. Genauer
gesagt, nicht bei der Zubereitung,
sondern kurz vor dem Servieren
lautet meine bange Frage: Geht
der Pudding schön aus der Form
heraus, oder bleibt etwas kleben
und er zerbricht. Leider passiert
mir hin und wieder auch das
letztere. Ich habe manchmal fast
das Gefühl, meine Puddingform
hat etwas gegen mich.
Trotzdem schlage ich Ihnen des
Genusses wegen einige Puddings
vor; vielleicht ist Ihnen Ihre Form
ja auch freundlicher gesinnt.

Grießpudding

Gut 750 ml Milch
etwas Salz,
abgeriebener
Zitronenschale
150 g Vollkorn-
weizengrieß

50 g Butter
40 g Honig
3 Eigelb

50 g Mandeln
3 Eiweiß
50 g Rosinen

mit

aufkochen.

unter Rühren einstreuen, kurz kochen und
10 Minuten quellen lassen.
mit
schaumig rühren, nach und nach
zufügen. Wenn die Masse schaumig ist,
löffelweise in den Teig geben.
grob hacken,
steifschlagen und mit den Mandeln und
unter die Grießmasse heben. In eine
gut gefettete und mit Semmelbröseln
ausgestreute Puddingform geben.
Im leicht köchelnden Wasserbad
in 90 Minuten garkochen.
Aus dem Wasserbad herausnehmen,
10 Minuten abkühlen lassen und warm
servieren.

Einem alten, vegetarischen Kochbuch von 1907 verdanke ich die folgende Anregung, wobei ich natürlich einige vollwertige Veränderungen vorgenommen habe.

Dinkelpudding mit Äpfeln

300 g Dinkel	fein mahlen.
50 g Butter	mit
3 Eigelb	schaumig rühren,
60 g Honig, Saft und abgeriebene Schale einer1/2 Zitrone	unter Rühren zugeben, dann nach und nach das Mehl und
300-350 ml Milch.	Alles sehr gut durchrühren und einige Minuten quellen lassen. Dann
3 Eiweiß	sehr steif schlagen und unterheben. Puddingform gut einfetten und mit
Semmelbröseln gemahlenen Nüssen	oder ausstreuen. Gut 2 cm hoch die Teigmasse einfüllen. In den restlichen Teig
3-4 Äpfel	grob hinein raspeln, alles in die Form geben und den Deckel schließen. Im leicht köchelnden Wasserbad gut 75 Minuten kochen. Aus dem Wasserbad herausnehmen, 5-10 Minuten abkühlen lassen und warm servieren.

Wenn man bei Aufläufen oder Puddings nicht rationell vorgeht, hat man für ein solches Gericht hinterher ganz schön was zu spülen. Also immer sparsam mit den Töpfen und Schüsseln umgehen.

Kokosnuß-Pudding

375 ml Milch	mit dem
Mark von 1 Vanillestange	erhitzen,
30 g Butter	zugeben.
100 g Vollkornzwieback	grob zerbröseln, die Hälfte der Milch darübergießen und 15 Minuten quellen lassen.
2 Eier	mit
60 g Honig	schaumig schlagen.
Salz, abgeriebene Zitronenschale, 3 Tropfen Bittermandelöl	einrühren, mit
120 g Kokosraspeln	in die restliche Milch geben. Gut mischen.
30 g Mandeln	fein reiben. Feuerfeste Form gut einfetten und mit Mandeln ausstreuen. Puddingmasse einfüllen. Im Wasserbad in den vorgeheizten Ofen stellen. Bei 180° C ca. 90 Minuten backen. Herausnehmen und in der feuerfesten Form sofort mit einer Fruchtsauce servieren.

Kein Pudding, sondern küchentechnisch ein Flammeri ist der

Maispudding

300 ml Apfelsaft	aufkochen,
100 g Maismehl	einrühren und zu einem dicken Brei
	kochen, vom Herd nehmen,
	10 Minuten quellen lassen.
125 g Quark	mit
100 ml geschlagener Sahne,	
abgeriebener Zitronenschale	und
50 g Honig	verrühren und unter den Maisbrei mischen.

○ Tip1: Statt geschlagener Sahne flüssige nehmen, dafür 1 Eigelb
und
1 steifgeschlagenes Eiweiß unter den noch warmen Brei
heben.

○ Tip 2: Hirse statt Mais verwenden und schon haben Sie wieder
ein neues Rezept.

○ Tip 3: Probieren Sie auch einmal, ob nicht der Saft allein schon
ausreichend süßt. Wenn Sie statt Apfelsaft weißen
Traubensaft verwenden, gilt dies auf jeden Fall.

Zu allen Flammeris passen neben Obst-, Vanille oder Zimtsauce auch geschlagene Sahne oder Tofu, Obstsalat oder Kompott.

Haselnuß-Flammeri

80 g Haselnüsse	fein mahlen. Von
500 ml Milch	2 Eßlöffel abnehmen und mit
30-40 g Pfeilwurzelmehl	gut verrühren. Restliche Milch mit den Haselnüssen,
Salz, Vanille	aufkochen, dann
20 g Honig	und das aufgelöste Pfeilwurzelmehl einrühren und 3 Minuten köcheln lassen. 2 Eßlöffel abnehmen und mit
1 Eigelb	verquirlen, in den Flammeri rühren und bis kurz vor den Siedepunkt erhitzen.
1 Eiweiß	steif schlagen, den Eischnee unter den heißen Flammeri heben. Eine Glasform mit kaltem Wasser ausspülen und den Flammeri hineingießen. Mindestens 60 Minuten erkalten lassen und dann auf eine Platte stürzen.

○ Tip: Servieren Sie dazu eine Carobsauce, die Sie sowohl nach dem Rezept für die Zimt- als auch für die Vanillesauce herstellen können: Einfach statt diesen Gewürzen oder zusätzlich 1-2 EL gesiebten Carob einrühren.

Flammeris werden in der Regel kalt gegessen, allerdings bei den Flammeris auf Grießbasis warte ich meist nicht so lange, die verzehre ich mit Hochgenuß noch warm.

Kirschflammeri

500 g Sauerkirschen	entsteinen, einige Kirschen zur Dekoration zurückbehalten.
150 ml Wasser	erhitzen, Kirschen zugeben und mit
Salz,	
Zimtstange,	
abgeriebener Schale	
einer Zitrone	aufkochen und 10 Minuten köcheln lassen.
75 g Honig	und
50 g Vollkorn-	
weizengrieß	langsam einrühren.
	und nochmals 3-4 Minuten sanft kochen. Form mit kaltem Wasser ausspülen und Flammeri hineinfüllen. Erkalten lassen und dann auf eine Platte stürzen.

In Norddeutschland und Dänemark zu Hause ist die rote Grütze. Allerdings habe ich mich früher davor gescheut, sie in einem Restaurant zu bestellen, da ich glaubte, sie werde mit Gelatine hergestellt. Als Vegetarier lehne ich Gelatine ab. Doch rote Grütze wird mit Speisestärke hergestellt, und ich freue mich schon auf meinen nächsten Besuch im Norden. Ich verwende in meinem Rezept allerdings Pfeilwurzelmehl.

Rote Grütze

200 g Sauerkirschen	entsteinen und mit
200 g Himbeeren,	
200 g Johannisbeeren,	
80 g Honig	in
800 ml Wasser	aufkochen und 10 Minuten köcheln lassen. Die Früchte dann pürieren oder gut zerdrücken, wieder in die Flüssigkeit geben und aufkochen.
75 g Pfeilwurzelmehl	in wenig
kaltem Wasser	verrühren und in die kochende Flüssigkeit geben, gut einrühren, vom Herd nehmen und einige Minuten abkühlen lassen. Glasschüssel mit kaltem Wasser ausspülen und rote Grütze hineinfüllen. Kalt stellen. Vor dem Servieren aus der Form stürzen.

○ Tip: Wenn Sie die Grütze nicht stürzen wollen, reichen auch 50-60 g Pfeilwurzelmehl.

Die Grütze muß nicht immer rot sein und nicht immer aus drei verschiedenen Obstsorten bestehen, Pflaumen allein ergeben ebenfalls eine herrliche Grütze.

Pflaumengrütze

80 g Hafer	fein mahlen,
500 ml Wasser	aufkochen und Hafermehl einstreuen,
600 g Pflaumen	entsteinen und grob pürieren.
50 g Mandeln	fein mahlen und in der Pfanne ohne Fett etwas anbräunen, Pflaumenpüree und Mandeln in Haferbrei einrühren und kaltstellen.
200 ml Sahne	steif schlagen und unter die erkaltete Grütze heben. Mit einigen
Pflaumenhälften	garnieren.

Grün ist die Hoffnung und grün ist die Farbe der nächsten Grütze. Hoffen wir also, daß es nicht nur Ihnen, sondern auch Ihren Gästen schmeckt.
Bei diesem 3. Grützerezept schlage ich Ihnen als Bindemittel Agar-Agar vor, das Sie im Naturkostladen oder Reformhaus erhalten. Sie können aber auch eines der Bindemittel der vorigen Rezepte verwenden.

Stachelbeergrütze

300 g Stachelbeeren	und
200 g Kiwi	in
250 ml weißem	
Traubensaft	aufkochen,
1 Zimtstange	zugeben und das Obst weich dünsten.
	Nochmals aufkochen,
2-3 EL Honig	einrühren und mit
Vanille	abschmecken, die Zimtstange
	herausnehmen.
1 TL Agar-Agar	in wenig
Wasser oder Saft	klumpenfrei anrühren und in die heiße Flüssigkeit geben.
	Alles gut verrühren und kalt stellen.

Obstdesserts

Obst alleine ist eigentlich schon ein Dessert für sich und vollwertiger geht es eigentlich nicht mehr. Doch den Genuß können Sie durchaus noch steigern, wie Ihnen die folgenden Seiten sicher beweisen werden.

Ich freue mich im Frühjahr schon darauf, daß es endlich wieder Rhabarber gibt, denn für mich ist das das Zeichen für Frische und der Beginn des Schwelgens in einheimischem Obst.

Frisches Rhabarberkompott

300 - 400 g Rhabarber	schälen und in 1-2 cm große Stücke schneiden.
2 Bananen	in Stücke schneiden, beides mit
1-2 EL Zitronensaft	pürieren. Sofort servieren.

○ Tip 1: Geben sie noch 1-2 geschälte und entkernte Äpfel oder Birnen dazu.

○ Tip 2: Geben sie zum Pürieren noch 100-200 ml Sahne hinzu.

○ Tip 3: Rhabarber gibt es nur im Frühsommer, das Rezept können Sie jedoch das ganze Jahr verwenden. Ersetzen sie dann den Rhabarber einfach durch Pfirsiche, Pflaumen, Mango oder Khaki.

Reis eignet sich gut zu Süßspeisen, ganz gleich ob als Mehl oder als Korn, ob in Wasser oder in Milch gekocht, ob Rund- oder Langkorn.

Beeren-Reis-Schnee

50 g Naturreis	mittelgrob mahlen,
250 ml Wasser	aufkochen, Reisschrot einrühren,
	2 Minuten leicht kochen lassen.
100 g Johannisbeeren	zufügen, Topf vom Herd nehmen,
	abkühlen lassen
2 EL Honig	unterrühren.
100 - 200 g Sahne	steifschlagen und unterziehen, mit einigen
	Beeren garnieren.

○ Tip: Wenn Sie größere Beeren wie Erdbeeren verwenden, sollten Sie diese ggf. halbieren oder vierteln. Gut eignen sich auch Himbeeren und Stachelbeeren sowie geraspeltes Obst.

Sauer macht lustig, sagt man. Falls Sie dieses also mal brauchen, versuchen Sie es mit der

Zitronencreme

250 ml Wasser	mit
250 ml Milch	aufkochen,
75 g Reis	fein mahlen, einrühren, 5 Minuten kochen, dann auf ausgeschalteter Platte 15 Minuten quellen und später auskühlen lassen. Von
2 Zitronen	Schale abreiben und dann auspressen. 2/3 der abgeriebenen Schale und den Saft mit
4 EL Honig, Anis, Ingwer, Vanille	mischen, ggf. leicht erwärmen, unter die Reismischung rühren und abkühlen lassen.
200 ml Sahne	steifschlagen und unterziehen.

○ Tip: Sie können auch auf Milch und geschlagene Sahne
    verzichten, dafür mehr Wasser und vielleicht noch den
    Saft einer Orange zugeben. Schmeckt ebenso gut,
    allerdings ist die Creme nicht ganz so locker.

Orangenreis

150 g Reis	in
100 g Butter	unter Rühren kurz anrösten,
500 ml Wasser, Salz	zugeben, aufkochen und Reis weichkochen.
1 große Orange	schälen und würfeln,
50 g Mandeln	grob hacken und mit den Orangen und
100 g Rosinen	in den fast fertigen Reis geben, noch 5 Minuten quellen lassen, dann mit
50 g Honig	und
1-2 Msp. Safran	würzen und färben. Heiß oder kalt servieren.

○ Tip: Statt Butter können Sie den Reis auch in Öl, am besten in Erdnußöl anrösten.

○ Tip: Kochen Sie den Reis in Milch auf, geben Sie etwas Honig dazu und vielleicht etwas Zimt, und servieren Sie den Milchreis mit einem frischen Obstsalat. Dies war einer der Donnerstagsrenner in der „Salatschüssel".

Natürlich darf hier auch keine Variante mit Träuble fehlen, denn ich freue mich immer schon das ganze Frühjahr auf die Monate Juli - August, nicht nur weil wir dann meistens Urlaub machen, sondern weil es dann frische Träuble gibt.

Träublesreis

120 g Rundkornreis	mit etwas
Salz	in
500 ml Wasser	erhitzen und in ca. 30 Minuten weichkochen. Den gegarten Reis auf ein Sieb geben und mit kalten Wasser abschrecken.
60-80 g Honig, Vanille	auf den noch warmen Reis geben und gut vermischen.
400 g rote Träuble (Johannisbeeren)	mit
Ingwer	bestreuen, zum Reis geben.
250 ml Sahne	steifschlagen und mit dem Reis und den Johannisbeeren mischen. Kalt servieren.

Melonen sind überaus erfrischend, manchmal empfinde ich sie aber etwas langweilig im Geschmack. Dem kann man aber ganz einfach mit Sesam abhelfen.
Gefällt Ihnen die Schreibweise des nächsten Gerichtes auch so gut wie mir?

Sesammelone

3 EL Sesamsamen, 2 EL Buchweizenkörner	in der Pfanne ohne Fett erhitzen, bis die Samen zu hüpfen beginnen, dann
1 - 2 EL Honig	zufügen, gut verrühren und vom Herd nehmen.
1/2 Zitrone, 1 Orange	auspressen, Saft unter den Honigsesam rühren.
1/2 kleine Honigmelone	in kleine Würfel schneiden, Obst mit Honigsesam durchmischen und servieren.

○ Tip: Statt Melonen können Sie aber auch fast jedes andere Obst verwenden; besonders gut eignen sich Äpfel oder Birnen.

Beeren und Wandern gehören für mich zusammen, und Himbeeren haben mich einmal gerettet. Vor was gerettet? Vor dem Verhungern, vor dem Zusammenbrechen, vor Depressionen. Genau weiß ich es nicht. Vielleicht finden Sie die Lösung.

Ingrid hatte mich zu einem Fastenwanderurlaub überredet. Ist „überredet" das richtige Wort, denn „Überreden kann man nur Dumme, Kluge muß man überzeugen," sagte einmal ein besonders kluger Mann, und als dumm läßt man sich ja nicht gerne bezeichnen. Also überredet hat mich Ingrid nicht, sondern ich habe ihrem Wunsch nachgegeben, bei einer Fastenwanderung mitzumachen.

Der erste Tag verging noch ganz gut, aber am Abend fragte ich mich, warum ich z.B. auf ein Eis verzichten sollte oder mußte. Meine Stimmung sank und sank, auch am anderen Morgen, nach einem erholsamen Schlaf war sie immer noch nicht besser.

Mit nüchternem Magen wanderten wir los, doch ich konnte das übliche Tempo einfach nicht mithalten. Mühsam schleppte ich mich dahin. Als mir Ingrid den guten Rat gab, das Fasten abzubrechen, bin ich fast an die Decke gegangen, aber unter freiem Himmel gibt es keine Decke, und der Himmel war dann doch zu hoch. Der Rat an sich war schon ganz gut, doch es war Sonntagmorgen, kurz nach 7 Uhr und weitab vom nächsten Dorf. Daher gab es keine Möglichkeit, den Rat zu befolgen, bis, ja bis wir eine gute Stunde später an Himbeersträuchern vorbeikamen. Nach einem halben Pfund Himbeeren war ich dann wieder einigermaßen fit.

Doch ich genieße die Himbeeren auch im folgenden Rezept:

Himbeer-Mandel-Creme

500 ml Milch	mit
1 Zimtstange	zum Kochen bringen.
100 g Hafer	sehr fein mahlen, in die Milch einrühren, nochmals aufkochen und 30 Minuten quellen lassen.
60 g Mandeln	mit heißem Wasser überbrühen, Haut abziehen und abtrocken, dann grob hacken und in derPfanne ohne Fett anrösten.
100 g Himbeeren	mit
1 EL Honig, Vanille	pürieren und mit den Mandeln unter die Creme ziehen und kaltstellen.

O Tip: 125 ml Sahne steifschlagen und vor dem Servieren unter die Creme heben.

O Tip: Statt Hafer können Sie auch Reis oder Gerste verwenden.

Bei Brombeeren denke ich immer zuerst an den unvergleichlichen Genuß, den wir an einem heißen Wandertag nahe Koblenz auf dem Rheinhöhenweg erlebt haben, als wir auf der Höhe bei herrlichem Blick über den Hunsrück die reifen, sonnenwarmen und prallen Brombeeren entlang unseres Weges in kaum zu bewältigender Menge vom Busch antrafen und uns so richtig satt essen konnten. Daher dürfen diese Früchte hier, wenn auch ganz anders, nämlich zubereitet, nicht fehlen.

Brombeergedicht

	Von
500 ml Milch	2 EL abnehmen, mit
1 P. Vanillepuddingpulver	gut verrühren. Die restliche Milch erhitzen, angerührtes Puddingpulver mit
1 EL Honig	in die heiße Milch geben, nochmals aufkochen. Dann erkalten lassen, dabei hin und wieder umrühren, damit sich keine Haut bildet.
2 Bananen	fein zerdrücken und mit dem
Saft 1/2 Zitrone	vermischen, mit
Muskatblüte	abschmecken, in den Pudding geben.
150 ml Sahne	steif schlagen, 100 ml ebenfalls in den Pudding rühren.
250 g Brombeeren	abwechselnd mit dem Pudding in Dessertgläser füllen, mit einigen Brombeeren und der restlichen Sahne garnieren.

○ Tip: Achten Sie beim Puddingpulver auf die Inhaltsstoffe, denn naturidentische Aroma-, Farb- und Konservierungsstoffe, Zucker usw. haben nichts darin zu suchen, daher kaufe ich es immer im Naturkostladen oder im Reformhaus.

○ Tip: Statt der Sahne können Sie auch 1 Eigelb und 1 EL Butter einrühren, dann das Eiweiß steifschlagen und unterheben.

Apfel Gaby

4 Äpfel   schälen, Kerngehäuse ausstechen, in
250 ml Wasser,
Saft von 1 Zitrone,
2 EL Honig,
Zimt   2-3 Minuten andünsten, die Äpfel in eine
                                  feuerfeste Form geben.

100 g Butter,
50 g Honig   schaumig schlagen, dann
4 EL grob gehackte
Haselnüsse,
1 EL Vollkornmehl,
2 EL Milch   einrühren, die Masse über die
                                  Äpfel gießen, bei 200° C ca.
                                  10 Minuten backen.

Bratäpfel kennt ein jeder, und sie sind im Winter auch eine besondere Köstlichkeit, aber Birnen stehen ihnen keinesfalls nach, wie mit folgendem Gericht zu beweisen ist.

Gebratene Birnen

4 Birnen	schälen und Kerngehäuse ausstechen.
60 g Walnußkerne	grob hacken und in einer Mischung aus
2-3 EL Honig,	
1 EL Zitronensaft,	
Ingwer	wälzen und die Birnen damit füllen. Feuerfeste Form einfetten, Birnen hineinsetzen, Form abdecken und in 40 Minuten bei 180° C braten.

Bleiben wir beim gleichen Obst, erhitzen aber nur die Zutaten und lassen die Birnen roh.

Birne „Gute Luise"

250 ml Wasser	mit
2 TL Agar-Agar,	
2-3 EL Carob	verrühren und aufkochen, sofort von der Platte nehmen, etwas abkühlen lassen.
50 g Honig	und
200 ml geschlagene Sahne	unterrühren.
4 Birnen	halbieren, Kerngehäuse ausschneiden, in Portionsschälchen legen und mit der Creme übergießen. Mit
20 g gehackten Mandeln	bestreuen und kühlstellen.

Im Juni blüht der Holunder, und dies sollten Sie zu einem ganz besonderen Dessert nutzen. Suchen Sie einige schöne, weiße, vollerblühte
Dolden, möglichst nicht direkt an einer vielbefahrenen Straße gele-
gen, und laden Freunde ein. Servieren Sie Ihnen:

Holunderblütenküchle

150 g Weizen	und
75 g Buchweizen	fein mahlen.
250 ml Milch,	
125 ml Mineralwasser	
2 Eier,	
2 EL Honig	mischen, Mehl hinzufügen,
abgeriebene Schale	
von 1/2 Zitrone,	
Salz	unterrühren. Teig ca. 15-30 Minuten quellen lassen, wenn der Teig zu fest ist, ggf. etwas Milch zufügen
12 Holunder-	
blütendolden	waschen, mit dem Stiel in den Teig tauchen, in
Öl	ausbacken. Vor dem Servieren Stiel ganz knapp über den Küchle abschneiden.

○ Tip: Statt Holunderblüten können Sie auch Apfelscheiben ohne
Kerngehäuse im gleichen Teig ausbacken.

Im Herbst, wenn der Holder (= Holunder) dann reif ist und die Dolden voller schwarzen Beeren hängen, ist es Zeit für ein fruchtig-herbes Dessert.

Holdermus mit Apfelspalten

500 g Holunderbeeren	von den Dolden abstreifen, gut unter fliessendem Wasser putzen.
3 mittelgroße Äpfel	in feine Spalten schneiden, beide Früchte in einen Topf geben,
100 g Honig, Zimt, abgeriebene Schale von 1 Zitrone	und
250 ml Apfelsaft	zufügen, langsam aufkochen, gut 10 Minuten köcheln lassen. Dann
1 EL Pfeilwurzelmehl	einrühren und etwas andicken. Noch warm servieren.

○ Tip: 150 g Sahne steifschlagen und Dessert damit garnieren.

Pflaumen oder, wie wir Schwaben sagen, Zwetschgen sind immer und überall ein Hochgenuß, nicht nur in Süßspeisen und Kuchen, sondern auch als Brotaufstrich und Sauce. Sie verleihen auch pikanten Gerichten den richtigen Pfiff, aber das ist ein anderes Thema.
Hier ein ganz fruchtiges Dessert:

Pflaumen auf Pfirsichcreme

200 g Pflaumen	halbieren und entsteinen,
200 g Pfirsiche	schälen und entsteinen, mit
1 Banane	
1 EL Zitronensaft	pürieren.
150 ml Sahne	schlagen und unterziehen, in Dessertschalen geben, mit den Pflaumenhälften garnieren.

Nußbananen auf Aprikosencreme

4-5 Aprikosen	entkernen und pürieren, mit
200 g Quark	und
150 g Joghurt	mischen und Creme auf 4 Dessert- teller geben.
2-4 Bananen	schälen und längs halbieren.
1 Eigelb	verquirlen,
2 EL Pistazien,	
3-4 EL Nüsse	fein mahlen. Bananenhälfte zuerst im Ei, dann in der Nußmischung wenden, in der Pfanne mit etwas
Öl oder Butter	ausbacken und auf der Creme servieren.

Freuen wir uns, vor allem, wenn es bei uns nur wenig frisches Obst
gibt, daß wir auch zauberhafte Gerichte mit exotischen Früchten kom-
ponieren können.

Mangoschaum

1 reife Mango	schälen und entkernen, mit
150 g Quark	und
150 g Mascarpone	mixen und kaltstellen.

Dieses Kapitel möchte ich mit drei Desserts beschließen, die durch
ihre Kombination von Käse und süßem Obst bestechen.

Melonenkörbchen

1 Honigmelone	vierteln, mit Löffel Kerne entfernen, das Fruchtfleisch vorsichtig mit dem Messer von der Schale trennen und wieder auf die Schale legen. Den Melonenboden etwas flachschneiden, damit die Viertel einen besseren Stand haben.
1-2 Bananen	mit
1 EL Zitronensaft	zerdrücken und cremig schlagen,
300-400 g Johannisbeeren	und
100 g geschlagene Sahne	unterziehen, über die Melonenviertel gießen und sofort servieren.

Wenn Sie so richtig schöne, reife, rote und saftige Erdbeeren mit viel Geschmack haben, dann können Sie den Genuß mit folgendem Rezept noch steigern, aber wie schon gesagt, dazu gehört auch viel viel Sonne.

Erdbeerigel

100 g Erdbeeren	mit
2 EL Orangensaft	und
2 EL Honig	pürieren und 1 Stunde im Kühlschrank aufbewahren. In der Zwischenzeit
250 g Erdbeeren	mit
10 g Mandelstiften	spicken und auf Teller anrichten. Die Erdbeermasse vorsichtig über die Erdbeerigel gießen

○ Tip 1: Mit Schlagsahne oder geschlagenem Tofu garnieren.

○ Tip 2: Zu Erdbeeren paßt natürlich immer auch Eis, am besten Vanille- oder Nußeis.

Cottage-Früchte

200 g Hüttenkäse	mit
2 EL Honig, Zimt	mischen,
1 Apfel	grob reiben und von
75 g Himbeeren	2/3 mit dem Apfel und dem Käse verrühren, mit den restlichen Himbeeren garnieren.

Camembert surprise

250 g Camembert	mit
40 g Butter,	
50 g Sahne,	
Salz, Pfeffer	zu einer geschmeidigen Creme rühren, ggf. noch etwas Sahne zugeben.
4-6 Backpflaumen	entsteinen, statt der Kerne
Haselnüsse	in die Pflaume geben. Jede Pflaume mit der Käsecreme zu einer Kugel formen, in
Sesam	wälzen. Von einer frischen
Ananas	4-6 Scheiben abschneiden, auf jede Scheibe in die Mitte eine Käsekugel setzen.

○ Tip 1: Der Camenbert darf ruhig schon etwas reif sein, dann ist der Gegensatz zum Obst intensiver und es schmeckt besonders gut.

○ Tip 2: Versuchen Sie statt Pflaumen auch einmal Feigen oder Datteln.

Kokosnuß-Birnen

4 reife Birnen	schälen, halbieren, Kerngehäuse herausschneiden.
10 g Butter	in der Pfanne erhitzen,
30-40 g Kokosraspeln	dazugeben und bei mittlerer Hitze 2 Minuten anbräunen. Auf einen Teller geben und die Birnen mit der Rundung darin wälzen. Je 2 Birnenhälften mit der Schnittfläche nach oben auf einen Dessertteller legen.
100 g Roquefort	mit der Gabel zerdrücken, dann
2 EL Birnensaft	zugeben und zu einer glatten Masse verrühren. Roquefortcreme in einen Spritzbeutel füllen und auf die Birnen spritzen. Mit einem Klacks
roter Johannisbeer-marmelade	auf der Creme abrunden und kalt servieren.

O Tip 1: Statt Kokosraspeln können Sie auch gemahlene Nüsse oder Mandeln verwenden.

O Tip 2: Statt Marmelade können Sie auch einige rote Früchte oder Beeren verwenden; auch grüne Kiwis passen dazu.

Noch mehr Desserts

Aus Rußland, Italien, Indien
und natürlich auch Deutschland
kommen die Ideen für dieses
Kapitel, einige nicht ganz
gebräuchliche Zutaten für
Süßspeisen, wie Mohn, Möhren
und Kastanien geben den
Gerichten den gewünschten
Pfiff.

Beim nächsten Rezept muß ich an einen meiner letzten Kochkurse denken. Geschäftlich war ich öfters in einem hübschen Hotel im Ostharz, dabei kam das Gespräch mit dem Hoteliersehepaar auch aufs Kochen und speziell auf die Vollwertküche, und es entstand die Idee, für die Gäste einen Wochenendkochkurs abzuhalten. Gesagt, getan. Gesagt ja, getan, na ja. Die erste Enttäuschung, als Teilnehmer waren nur zwei Ehepaare gekommen. Allerdings waren auch nur noch zwei weitere Personen eingeladen worden und entgegen der ursprünglichen Idee wurde auch keine weitere Werbung dafür gemacht. Die vier Teilnehmer hatten zudem auch eine völlig falsche Vorstellung von einem Kochkurs, sie dachten nämlich, ich koche und sie schauen zu, und ich dachte, die Teilnehmer kochen, ich gebe Hinweise und schaue zu. Das Ergebnis können Sie sich vorstellen.

Ich stand daher meist allein in der Küche, eines der Ehepaare nahm gerade dann, wenn die Arbeit begann, ein Erfrischungsbad, und waren diese fertig, nutzten die beiden anderen die Gelegenheit zum Baden. Von den beiden Anwesenden hatte der eine mal keine Lust oder einer war ständig auf dem Weg in die Restaurantküche, um irgendetwas zu holen und plauderte mit dem Koch oder dem Hotelier.

Doch noch schlimmer waren die Arbeitsbedingungen. Ich benötigte zum vereinbarten Beginn meine Zutaten aus dem Kühlraum, doch vom Hotel war niemand da, erst eine halbe Stunde später traf zufällig der Sohn des Hauses ein und holte mir die Lebensmittel. Ich benötigte ein Rührgerät zum Sahne oder Eier schlagen. Fehlanzeige. Dann ein Wellholz, Fehlanzeige. Wenigstens bekam ich eine gut gespülte Flasche zum Teigausrollen. Zum Backen wäre eine Auflaufform erforderlich gewesen. Fehlanzeige. Und so ging es weiter.

Als ich dann kurz mal nicht in der Küche war, nahm mir die zufällig anwesende Wirtin die noch nicht fertigen Windbeutel aus den Herd, weil sie meinte, sie wären fertig. Natürlich sackten sie zusammen. Da hatte ich genug und Ingrid konnte mich nur unter allergrößter Anstrengung dazu bewegen, weiterzukochen. Doch als dann schließlich alle vom Vollwertbuffet begeistert waren, auch von dem folgenden Dessert, konnte ich schon wieder leise über die Schwierigkeiten lächeln.

Knuspermüsli

100 g Hafer	grob schroten oder zu Flocken quetschen,
	mit
50 g Buchweizen	und
50 g Sonnenblumenkernen	in der Pfanne ohne Fett anrösten, bis das Getreide anfängt zu duften, dann
2-3 EL Honig	zugeben und so lange verrühren, bis alle Flocken, Körner und Kerne einen Honigüberzug haben, abkühlen lassen.
Obst der Jahreszeit	kleinschneiden, Menge nach Geschmack.
125 ml Sahne	steifschlagen und alles mischen.

Doch auch aus frischem Korn schmeckt es vorzüglich. Am Wochenende sieht so unser Frühstück aus, Sie können es aber ebenso als Dessert verwenden.

Frischkorndessert

100 g Roggen	und
100 g Weizen	grob schroten, in soviel
Wasser	einweichen, daß der Getreideschrot gerade bedeckt ist und das Wasser am Ende der Einweichzeit von 5-7 Stunden aufgesogen ist. Danach
1 Banane	mit der Gabel zerdrücken oder pürieren.
1 Apfel	fein reiben, beides unter den eingeweichten Getreideschrot rühren.
400-500 g Obst der Jahreszeit	kleinschneiden.
100 ml Sahne	steifschlagen. Mit dem Obst und
50 g gehackten Nüssen oder Sonnenblumenkernen	
Zimt, Vanille	unterheben, dabei mit würzen.

Einfach raffiniert und raffiniert einfach ist das folgende Produkt der russischen Küche.

Russische Paßscha

500 g Quark	mit
3 Eiern,	
100 g Butter	schaumig rühren.
200 g Sauerrahm	zugeben, erwärmen, bis sich Blasen bilden,
3-4 EL Honig	zufügen und unter Rühren abkühlen lassen
125 g geriebene Mandeln,	
Vanille	unterrühren und kühlstellen.

Wichtig in der Vollwerternährung ist die Abwechslung im Geschmack und in den Inhaltsstoffen, deshalb sollte man häufig auch unterschiedliche Getreidesorten wählen. Es gibt mehr als nur den Weizen, wie er in der konventionellen Küche fast ausschließlich verwendet wird.

Gersten-Nuß-Creme

500 ml Milch, Zimt	aufkochen,
100 g feines Gerstenmehl	einrühren, aufkochen und 15 Minuten quellen lassen.
2-3 EL Honig	zugeben.
2-3 EL feingeriebene Nüsse	in der Pfanne ohne Fett anrösten und mit
1-2 EL Carobpulver oder Kakao	einrühren,
150 g geschlagene Sahne	unterheben und servieren.

○ Tip: Ziehen Sie geraspeltes oder püriertes Obst unter die Creme.

Carobcreme

500 ml Milch	mit
3-4 EL Pfeilwurzelmehl,	
4 EL Honig, Vanille	
2 EL Carob	aufkochen und gut verrühren, vom Herd nehmen, nochmals durchrühren und erkalten lassen.
200 ml Sahne	schlagen und unterziehen.

○ Tip: Verwenden Sie statt Pfeilwurzelmehl Biobin oder 100 g Reismehl.

○ Tip: Reduzieren Sie die Menge des Pfeilwurzelmehls auf die Hälfte und geben Sie noch 100 g gemahlene Mandeln dazu.

Mohn satt, könnte man das nächste Rezept nennen, aber für Mohn-freaks genau das Richtige.

Mohnpielen

200 g Mohn	mahlen und in eine Schüssel geben.
400 ml Milch, Salz	erhitzen,
2-3 EL Honig	hineinrühren, die Hälfte der Honigmilch über den gemahlenen Mohn gießen, dann
50 g Rosinen	und
40 g gehackte Mandeln	unterrühren und abkühlen lassen.
10 Vollkornzwiebäcke	zerbröseln und den Rest der Honigmilch darübergießen, quellen lassen. Abwechselnd Mohn- und Zwiebackmasse in Glasschüsseln füllen und mit
100 ml geschlagener Sahne	servieren.

Nach Mohn satt nun Eier satt.

Eierzimtcreme italienisch

1 l Milch, Salz,
abgeriebene Schale von
1/2 Zitrone, Zimt

aufkochen und bei sehr niedriger
Temperatur 15-20 Minuten simmern
lassen. Wenn sich dabei eine Haut
gebildet hat, diese entfernen und
die Milch abkühlen lassen.

2 Eier, 4 Eigelb
2 EL Dinkel-
vollkornmehl
Muskat, Zimt

mit

verquirlen, mit
würzen. Die Milch zugeben und die
Mischung durch ein Sieb streichen,
in gefetteter Kastenform bei 150° C
ca. 40-50 Minuten backen, 1 Stunde
abkühlen lassen, dann mit Alufolie
abdecken und mindestens 4 Stunden in
den Kühlschrank stellen, kalt servieren.

O Tip: Die 4 Eiweiße sollten Sie natürlich nicht wegwerfen, sondern
in einem andern Gericht, vielleicht bei einer Hauptspeise oder
einem Kuchen, verwenden.

Nicht nur zur Weihnachtszeit schmeckt Marzipan; verwenden wir selbstgemachtes für ein Dessert.

Marzipanhirse

100 g Mandeln	mit heißem Wasser überbrühen und Haut abziehen, sehr fein mahlen.
50 g Honig	zugeben und mit der Maschine so lange rühren, bis sich ein Kloß gebildet hat.
125 g Hirse	unter heißem Wasser abspülen, im Sieb abtropfen lassen.
500 ml Wasser Zimtrinde und Nelken	mit aufkochen und Hirse einrühren, einige Minuten köcheln und dann ausquellen lassen. Hirsebrei etwas abkühlen lassen, dann das Marzipan einrühren.
150 g Tofu 3-4 EL Orangensaft, 1 EL Honig	mit pürieren und ebenfalls in den Hirsebrei geben.

O Tip 1: Sie können die Hirse auch in Milch aufkochen und statt des Tofu 200-250 ml geschlagene Sahne unterrühren.

O Tip 2: Nehmen Sie statt Hirse einmal Rundkornreis.

O Tip 3: Honigmarzipan, wie oben beschrieben, können Sie auch zu vielen anderen Gerichten verwenden.

O Tip 4: Geben Sie zum Marzipan noch einige Tropfen Rosenwasser hinzu oder mahlen Sie 5-6 bittere Mandeln mit.

98

Wenn Sie meine anderen Bücher schon kennen, wissen Sie bereits, daß mich die indische Küche ganz besonders fasziniert, und dies gilt in hohem Maße auch für Süßspeisen. Ich finde, die folgenden Rezepte sprechen für sich und die indische Küche.

Zimt-Kardamom-Reis

3 EL Honig	erhitzen,
1 l Milch	zugießen und
2 EL Rosinen,	
2-3 Stück Zimtrinde,	
5 Kardamomkapseln,	
3 Nelken	zugeben, aufkochen und 15 Minuten köcheln lassen, dann
150 g Reis	zugeben, 20-30 Minuten weichkochen und quellen lassen, Gewürze herausnehmen, kühl stellen und gekühlt servieren.

Möhren als Dessert? Indien macht es möglich und wir genießen es.

Indisches Möhrendessert

600 g Möhren	fein reiben oder in etwas Milch pürieren.
750 ml Milch	in hohem Topf erhitzen, Möhrenpüree einfüllen und unter Rühren 30 Minuten köcheln lassen.
40 g Butter, Kardamom, 1 Msp. Safran, 40 g Rosinen, 50 g Honig	zugeben und 10 Minuten mitkochen. Nochmals
20 g Butter	einrühren. Dessert in eine Schale geben, mit
50 g gehackten Mandeln	bestreuen. Heiß oder kalt servieren.

Ingwercreme

500 g Quark	mit
4-6 EL Milch	cremig rühren,
2-3 EL flüssigen Honig,	
4 EL Orangensaft	unterrühren,
2-3 cm Ingwerwurzel	fein reiben,
4 Eiweiß	steifschlagen und vorsichtig unterheben, in Portionsschälchen füllen, mindestens 1 Stunde kühlstellen.

○ Tip: Sie können auch statt der Eier 1-2 EL Guarkernmehl einrühren und vor dem Servieren noch 100 ml geschlagene Sahne unterziehen.

Joghurt wird häufig in der indischen Küche verwendet, hier ein Beispiel aus dem Backofen.

Joghurt gebacken

60 g Reis	fein mahlen,
150 ml Sahne	steif schlagen, beides mit
750 ml Joghurt,	
1-2 EL Honig,	
1 EL Sirup,	
Safran	mischen, in eine gefettete, flache Form geben und bei 160° C ca. 45-50 Minuten backen. Aus den Ofen nehmen und abkühlen lassen.

Fenchel in einer Süßspeise, das ist fast so verrückt wie Kümmel in einem süßen Kuchen. Aber beides schmeckt, zwar etwas ungewohnt, aber es schmeckt. Sie glauben es nicht? Da hilft nur Probieren. Übrigens, das Rezept des Kümmelkuchens finden Sie in meinem tierisch-eiweißfreien Backbuch.

Fenchel-Joghurt-Pudding

30 g Kichererbsen	fein mahlen, mit
500 g Joghurt,	
100 ml Sahne,	
1 Ei	verquirlen und alles 10 Minuten quellen lassen.
1 TL Fenchelsamen	in der Pfanne ohne Fett leicht anrösten, anschließend nicht ganz fein mahlen.
2 EL Honig	in einem Topf erhitzen, den gemahlenen Fenchel kurz darin schwenken, die Joghurt-Sahne-Mischung zugeben und unter ständigem Rühren aufkochen, mit
1 Prise Safran	färben und würzen.
1 Banane	in dünne Scheiben schneiden und in 4 Dessertschalen verteilen, die Joghurt-Mischung darübergießen und erkalten lassen.

Zum Schluß dieses Kapitels ein ganz besonderes Rezept, das nur einen klitzekleinen Nachteil hat: Es kostet viel Zeit und macht Arbeit, sonst könnte man sich daran gewöhnen.

Kastanienpüree

1 kg Eßkastanien	auf der spitzen Seite kreuzweise einschneiden, im Backofen gut 20 Minuten erhitzen, bis sich die Schale entfernen läßt. Ohne Schale in kochendes Wasser legen, bis sich auch die innere Haut entfernen läßt, in
500 ml Milch	mit
1-2 EL Honig,	
Vanille	aufkochen und 20 Minuten weichkochen, dann pürieren.
150 ml Sahne	schlagen und unterheben oder getrennt dazu servieren.

○ Tip: Mir schmecken die gebackenen Maronen auch direkt aus dem Ofen oder vom Rost, ganz besonders zur Weihnachtszeit.

Tofu-Gerichte

Tofu wird oft als der „Quark aus der Sojaohne" bezeichnet und als pflanzlicher Eiweißspender gerne in der vegetarischen Küche verwendet. Tofu ist geschmacksneutral und kann daher mit den entsprechenden Zutaten süß oder pikant zubereitet werden.

Für alle, die keine Sahne verwenden wollen, ist geschlagener Tofu in vielen Rezepten mehr als nur Sahneersatz. Auch wenn man Tofu in der Vollwertküche eigentlich zu den Auszugsprodukten zählen muß, bereichert er viele süße Gerichte.

Geschlagener Tofu

50-100 ml Fruchtsaft   mit
200 g Tofu,
2 EL Honig, Vanille   im Mixer cremig schlagen.

○ Tip 1: Statt Vanille verwenden Sie Zimt, Muskatblüte, Ingwer oder Koriander

○ Tip 2: Statt Fruchtsaft verwenden Sie Getreidekaffee.

○ Tip 3: Oder Sie erhitzen Wasser und rühren 1-2 EL Carob oder Kakao ein.

○ Tip 4: Garnieren Sie den Tofu mit gerösteten und gehackten Nüssen oder Mandeln

Apfelmus-Tofu

1 kg Äpfel	schälen, Kerngehäuse entfernen und achteln, mit
1-2 EL Apfelsaft	aufkochen und zugedeckt die Äpfel weichkochen, mit
200 g Tofu	pürieren.

O Tip 1: Probieren Sie auch einmal Birnen oder Birnensaft.

O Tip 2: Besonders fruchtig ist das Mus, wenn Sie die gekochten Äpfel allein pürieren. Auf jeden Fall können Sie den Geschmack mit Zimt und Ingwer verfeinern.

Tofu-Orangencreme

300 ml Orangensaft	mit
2 EL Rübensirup	und
200 g Tofu	im Mixer cremig schlagen. Mit
1 EL Pfeilwurzelmehl	in Topf geben und unter Rühren erhitzen, bis die Sauce einzudicken beginnt. Erkalten lassen.
1 Orange	schälen und die Creme mit den Orangenspalten garnieren.

Als Übergang zum nächsten Kapitel noch etwas Gefrorenes:

Bananen-Mandeleis

50 g Mandeln	fein mahlen.
150 ml Apfelsaft	mit
1 Banane	
200 g Tofu	und
80 g flüssigem	
Waldhonig	pürieren, mit
Vanille	würzen und die Mandeln einrühren. In eine Gefrierdose füllen und in den Gefrierschrank legen. Während des Gefriervorgangs noch 1- 2 mal gut durchrühren, so daß keine zu festen Eiskristalle entstehen. Nach 4-5 Stunden servieren.

Eis

Ein süßes Kochbuch ohne Eis?
Undenkbar! Obwohl, wird Eis
überhaupt gekocht? Nicht
immer, aber häufig. Natürlich
vor dem Einfrieren, sonst wäre
es kein Eis. Aber heiß und kalt
schmeckt immer; also servieren
Sie dazu hin und wieder eine
heiße Sauce.

Einfach, schnell und ganz besonders gut, das ist der Wunsch jeder Köchin und jedes Kochs. Diese Kriterien erfüllt vollkommen das

Obstsorbet

1 kg reifes Obst
(Melonen, Orangen,
Mangos, Erdbeeren,
Pfirsiche usw.)   in Würfel schneiden und gut
                              durchmischen. Mindestens
                              8 Stunden im Gefrierschrank
                              kühlen. Dann mit
100-125 ml Obstsaft   im Mixer pürieren und sofort
                              servieren.

○ Tip 1: Verwenden Sie den Saft der Frucht, die sie als Hauptgrundlage gewählt haben, meist paßt aber auch Apfelsaft.

○ Tip2: Nicht so frisch und fruchtig, dafür aber cremiger wird das Dessert, wenn sie statt Saft mindestens 250 ml Sahne zugeben.

○ Tip 3: Verwenden Sie auch mal nur eine Sorte, besonders beliebt sind Erdbeeren oder Himbeeren.

Ein klein wenig mehr Mühe haben Sie beim

Nußparfait

2 Eigelb, 1 Ei, 100 g Honig	verrühren, Topf ins Warmwasserbad (40° C) setzen und Masse cremig schlagen, dann Topf in Eiswasser stellen und kaltschlagen.
300 ml Sahne	steifschlagen.
100 g Haselnüsse	fein reiben, beides unter die Eiscreme heben. In Gefrierschrank stellen, nach dem Anfrieren noch einmal umrühren. Nicht zu fest gefrieren lassen. Nach 2-3 Stunden servieren.

○ Tip 1: Nehmen Sie statt Haselnüssen Mandeln oder Walnüsse.

○ Tip 2: Geben Sie statt oder zusätzlich zu den Nüssen noch 2 EL Carob oder Kakao hinzu.

○ Tip 3: Verwenden Sie 100-150 g püriertes Obst wie Erd- oder Himbeeren.

Leider nicht ganz so schnell wie die beiden ersten Rezepte, eher das Gegenteil gilt für das folgende Eis aus Indien, das ich so sehr liebe. Es schmeckt unvergleichlich, es wirkt noch kälter als unsere Eissorten, und es schmilzt so angenehm im Mund. Wenn ich Koulfi in einem indischen Restaurant finde, und oft habe ich auch das Glück, dann erst ist der Genuß eines indischen Essens vollkommen.

Koulfi

500 ml Milch	in einem breiten Topf aufkochen und unter ständigem Rühren weiterkochen, bis der Großteil der Flüssigkeit verdampft ist. Nach gut 1 -1 1/4 Stunden hat die Milch die Konsistenz einer Paste. Dann abkühlen lassen. Die Masse wiegt jetzt noch 60-80 g. Von
1 l Milch	2-3 EL abnehmen und mit
2 EL Pfeilwurzelmehl	verrühren und beiseite stellen, die restliche Milch aufkochen, unter ständigem Rühren 10 Minuten kochen, dann aufgelöstes Pfeilwurzelmehl einrühren. Bei schwacher Hitze Milch unter Rühren weiterkochen, bis sie anfängt einzudicken, dann
100 g Honig	einrühren. Alles abkühlen lassen, dabei hin und wieder umrühren, damit sich keine Haut bildet. Die vorher zubereitete Milchpaste einrühren.
250 ml Sahne	nicht ganz steifschlagen.
2 EL Mandeln	blanchieren, die Haut abziehen und fein hacken, ebenso

2 EL Pistazien und mit der Sahne vorsichtig
einrühren.
In eine Gefrierschale füllen und
einfrieren, während des Gefriervorgangs
noch 2 mal umrühren. Frühestens nach
4-6 Stunden herausnehmen und
servieren.

Bei meinem letzten Besuch in Hannover war der große Vorteil ein indisches Restaurant genau gegenüber von meinem Hotel, und auch vom Seminarraum, in dem ich vor Bauleitern über die Systematik ihrer Tätigkeiten referierte, waren es nur ca. 300 m. So konnte ich die indische Küche mehrmals genießen. Ganz toll war dort die Koulfivariante.

○ Tip: Pürieren Sie eine Mango und mischen sie unter die Sahne, noch eine Prise Safran und fertig ist der Hochgenuß.

Und weil Eis so herrlich schmeckt, noch ein schönes Rezept:

Joghurteis

100 g Vollkornzwieback	fein zerbröseln, mit
2-3 EL rotem Traubensaft	übergießen und zugedeckt ziehen lassen.
600 g Naturjoghurt	mit
100 g Honig,	
1 Prise Salz	verrühren,
1 EL Carob	durch ein feines Sieb darübergeben und die Masse 10 Minuten rühren. Dann mit der eingeweichten Zwiebackmasse mischen und alles in Eiswürfelbehälter gießen. Im Gefrierfach 4 Stunden erstarren lassen und dann die Eiswürfel servieren.

○ Tip 1: Sie können auch einen trockenen Biskuitboden anstatt des Zwiebacks nehmen.

○ Tip 2: Dazu passen Kirschen oder Himbeeren.

Gebäck

Etwas Gebäck gefällig? Bitte sehr, auch damit kann ich dienen.
Da ich aber weder meinem Backbuch noch meinem Buch über
Weihnachtsbäckerei Konkurrenz machen möchte, nur einige wenige,
dafür aber besonders leckere Kostproben.

Das nächste Gericht kann man so herstellen, wie anschließend beschrieben. Es hat aber auch einen weiteren Vorteil: Es kann mitunter die Hausfrau oder den -mann retten.

Stellen Sie sich vor, Sie wollen eine Biskuitrolle machen, und dann passiert das, was noch nie passiert ist und was gerade heute - wo Sie ihre beste Freundin oder Ihre zukünftige Schwiegermutter erwarten - nicht passieren dürfte. Der Biskuitboden bricht beim Ein- oder Ausrollen. Etwas anderes ist nicht im Hause, was tun?

Dann machen Sie eben einen Flan, was Sie natürlich schon immer wollten.

Biskuit-Flan

175 g Weizen	fein mahlen und mit
1 TL Backpulver	mischen.
4 Eigelb	mit
125 g flüssigem	
Honig, 4 EL Wasser	schaumig rühren, Mehl und
Vanille	einrühren.
4 Eiweiß	steifschlagen und vorsichtig unterheben, auf ein gut gefettetes oder mit Backpapier belegtes Blech gut 1 cm dick streichen und bei 180-200° C 25-30 Minuten backen. Abkühlen lassen.
2 Eier, 1 Eigelb,	
125 ml weißen Traubensaft,	
1 EL Zitronensaft	im heißen Wasserbad verrühren, bis eine dickflüssige Masse entsteht. Biskuitteig in kleine Würfel schneiden, ebenso
500 g Obst der Jahreszeit.	Die Biskuitwürfel mit dem Obst bedecken, Creme darübergeben und mit
Pistazien	garnieren.

Den Biskuitboden können Sie auch für dieses Rezept verwenden, aber mir gefällt die folgende Variante besser.

Nuß-Tiramisu mit Früchten

4 Eier	trennen, Eiweiß mit
etwas Salz	steifschlagen, die Eigelb mit
4 EL Wasser,	
100 g Honig, Vanille	zu einer dicken Creme schlagen.
100 g Weizen	und
100 g Haselnüsse	fein mahlen, mit
1 TL Backpulver	mischen, langsam in die Creme einarbeiten, Eischnee vorsichtig unterheben. Backblech mit Trennpapier auslegen, Masse darauf verteilen, doppelt so groß wie die später verwendete Auflaufform. Backofen vorheizen, bei 225° C ca. 10 Minuten backen. Dann Biskuitplatte sofort auf ein Handtuch stürzen, Papier abziehen.
100 g Walnüsse	grob hacken.
1 Banane, 2 Khaki	pürieren,
500 g Mascarpone	ebenfalls pürieren und mit
200 g Magerquark,	den Nüssen und dem Obst mischen, Biskuitplatte halbieren, eine Hälfte in Auflaufform legen, mit
2-3 EL kaltem, sehr starkem Getreidekaffee	tränken, dann die Hälfte der Creme darübergeben, den Vorgang wiederholen, mit gesiebtem
Carob	bestreuen und kühlstellen.

○ Tip: Wenn Ihnen die Creme zuviel Fett enthält, nehmen Sie
   einfach mehr Quark und weniger Mascarpone.

Besonders dekorativ sind die Schwänchen aus Brandteig und eigentlich gar nicht besonders schwierig herzustellen.

Brandteig-Schwänchen

250 ml Wasser	mit
70 g Butter	aufkochen,
150 g Weizen	fein mahlen und auf einmal in das Wasser schütten, rasch verrühren, bis sich ein Kloß gebildet hat. Solange auf der Platte weiterrühren, bis der Topfboden mit einer dünnen Teigschicht überzogen ist. Von der Platte nehmen und ein wenig abkühlen lassen. Dann
3 Eier	einzeln einrühren. Man darf vom ersten Ei nichts mehr erkennen, dann erst kann das nächste eingerührt werden. Der Teig muß stark glänzen und schwer reißend vom Löffel fallen. Zum Schluß noch
1 TL Backpulver	einrühren. Teig in einen Spritzbeutel füllen. Aus ca. 3/4 der Masse mit einer großen Tülle ca. 6 cm lange Häufchen auf ein gefettetes, leicht bemehltes Blech spritzen. Mit dünner Tülle aus dem Rest Schwanenhälse in S-Form auf das Blech spritzen. Backofen auf 250° C erhitzen, dann bei 200° C ca. 25-30 Minuten backen. Von den Häufchen in Höhe von ca. 2 cm einen

250 ml Sahne
2 Bananen
Saft 1/2 Zitrone

Deckel abschneiden. Die Deckel längs
halbieren und das Gebäck auskühlen
lassen. Dann
sehr steif schlagen,
mit dem
pürieren und unter die Sahne rühren.
Die aufgeschnittenen Böden mit
Bananencreme füllen. Die
Schwanenhälse in die Füllung
stecken. Die Deckelhälften als Flügel
ebenfalls. Sofort servieren.

○ Tip: Bitte Blech **nur in vorgeheizten** Backofen geben und in den
ersten 20 Minuten den Backofen auf **keinen** Fall öffnen.

○ Tip: Wenn es schneller gehen soll, setzen Sie mit dem Löffel
Häufchen auf das Blech. Nach dem Backen schneiden Sie
diese auf und füllen Sie mit der Creme.

Zwieback schmeckt immer und kann zu Pudding, Aufläufen und vielen anderen Süßspeisen als Grundlage verwendet werden. Hier einmal ein Rezept, das ohne Weizen oder Dinkel auskommt, obwohl Sie diese Getreidesorten natürlich auch verwenden können.

Hafer-Mandel-Zwieback

4 Eier
120 g Honig
200 g Mandeln
200 g Hafer.

mit
in gut 5 Minuten schaumig rühren.
fein mahlen, ebenso
Zuerst die Mandeln, dann den Hafer
in die Schaummasse geben und
unterheben. In gefettete Kastenform
füllen. Bei 180° C ca. 60 Minuten backen.
Aus der Form nehmen, etwas
abkühlen lassen. Dann in 1 cm dicke
Scheiben schneiden, auf ein
ungefettetes Backblech legen und
bei 150° C nochmals 30 Minuten rösten.

Hier gleich ein Beispiel für ein Zwiebackdessert.

Joghurt mit Zwieback

Zwieback	wie oben beschrieben herstellen.
1 Mandarine	in Spalten teilen,
1 Apfel, 1 Banane	in kleine Scheiben schneiden, mit
Zitronensaft	beträufeln.
60 g Zwieback	zwischen 2 Blättern Pergamentpapier mit dem Nudelholz zu Bröseln zerdrücken und mit etwas
Ingwerpulver	über das Obst streuen.
500 g Joghurt	mit
1 EL Honig, Vanille	schaumig rühren und über die Obstbröselmischung gießen. 30 Minuten im Kühlschrank kalt stellen und dann servieren.

○ Tip: Sie können natürlich auch Vollkornzwieback kaufen. Bitte achten Sie aber darauf, daß er ausschließlich mit Vollkornmehl hergestellt ist; oft ist ein wesentlicher Bestandteil Auszugsmehl, und es wird nur der Eindruck eines Vollkornproduktes erweckt.

Noch warm mit Butter oder mit Butter und Honig bzw. Fruchtcreme schmecken die Rosinenbrötchen am besten, dazu ganz nach Belieben Getreidekaffee, Kaffee, Tee, Kakao oder ein Carobgetränk, wobei ich allerdings zugeben muß, daß ich als Getränk Kakao vorziehe, zum Backen oder als Brotaufstrich aber Carob.

Rosinenbrötchen

250 g Weizen, 250 g Dinkel	fein mahlen, mit
250 ml Milch, 1 EL Honig 100 g Butter, 1 Ei	in gut 5 Minuten zu einem Hefeteig kneten, dabei nach und nach
Zimt, Vanille, Ingwer	einarbeiten. Teig zugedeckt 30 Minuten an warmem Ort gehen lassen.
80 g Rosinen	in heißen Wasser ebensolange quellen lassen, Wasser abgießen, Rosinen mit etwas
Mehl	bestäuben, und kräftig in den Teig kneten. Aus dem Teig vorsichtig Brötchen formen, dabei nicht mehr kneten, auf ein gefettetes Backblech setzen, mit
Milch (oder verquirltem Eigelb)	bestreichen. Im vorgeheizten Ofen bei 200° C ca. 20 Minuten backen.

Um die Aufstrichrezepte im nächsten Kapitel richtig genießen zu können, hier noch ein Rezept für eine Unterlage.

Süße Fladen

150 g Weizen	fein mahlen, mit
100 g Maismehl	und
1/2 TL Backpulver	mischen und das Mehl mit
150 ml Milch	glattrühren.
100 g Quark	und
1-2 EL Honig	einrühren. Mit dem Löffel auf ein gefettetes Backblech ca 10 Fladen formen und glattdrücken. Bei 200° C ca. 20-25 Minuten backen.

○ Tip: Sie können noch Rosinen in den Teig geben oder einen Teil des Mehls durch gemahlene Nüsse ersetzen.

Eigentlich finde ich ja immer auch interessante Gericht in der oft so geschmähten englischen Küche. Diesmal bin ich in der irischen fündig geworden; ihr verdanke ich die Anregung zu einem warm-kalten Dessert.

Warmer Apfelkuchen

180 g Butter	mit
100 g Honig	schaumig rühren, nach und nach
3 Eier	einrühren.
400-500 g Äpfel	schälen, halbieren und entkernen, dann in feine Schnitze schneiden und sofort in den Teig geben.
220 g Weizen	fein mahlen, mit
2 TL Backpulver	und
abgeriebener Schale	
1 Zitrone, Salz	mischen und vorsichtig unter die Buttermischung heben. Wenn der Teig zu fest ist, noch
1 EL Apfelsaft	zugeben. Eine Springform mit 26 cm Durchmesser einfetten und Teig einfüllen. Bei 220° C ca. 35 Minuten backen. Etwas abkühlen lassen.

○ Tip: Warm bis lauwarm mit Eis, z.B. Nußparfait oder Koulfi, servieren und genießen.

124

Aufstriche

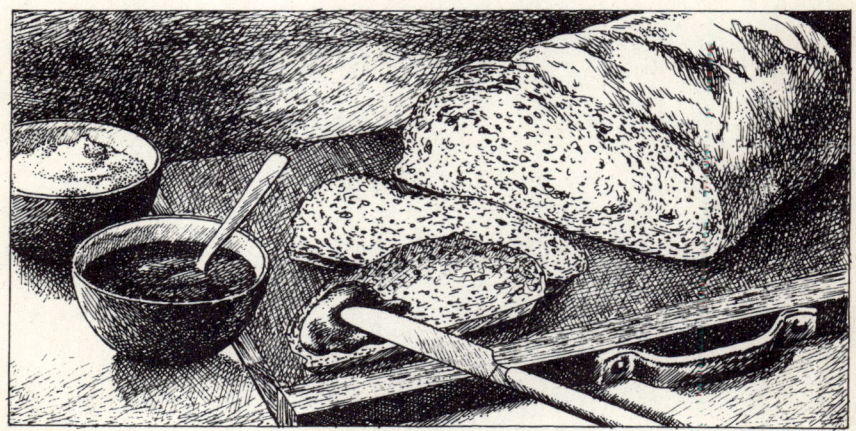

Wer liebt es nicht, zumindest hin und wieder zum Frühstück frische Vollkornbrötchen mit Butter und einem süßen Aufstrich zu verzehren?
Vollwertig genießen, dieses Motto all meiner Bücher, gilt natürlich auch für die Brotaufstriche. Sie schmecken auch besonders gut zu Windbeuteln.
Ingrid findet vor allem den Nußaufstrich so lecker, daß sie gerne auch auf das Brot oder Brötchen verzichtet.

Zu Brötchen, Windbeutel oder Vollkornbrot passen natürlich auch süße Aufstriche, hier einige Anregungen.

Hafer-Carob-Aufstrich

100 g Nackthafer	mittelgrob mahlen, mit
2 EL Carob, Vanille, Zimt	mischen,
100 ml Wasser, 50-100 g Honig, 100 g Butter	leicht erwärmen, über den Hafer geben, mit der Maschine gründlich verrühren, im Kühlschrank aufbewahren.

O Tip 1: Wenn Sie frische Butter nehmen, halten sich die Aufstriche gut eine Woche im Kühlschrank, aber ich bin fast sicher, Sie werden sie vorher verzehrt haben.

O Tip 2: Erhitzen Sie die Haferkörner in der Pfanne ohne Fett, bis sie anfangen, zu duften, und mahlen Sie das Getreide erst dann.

Pflaumen-Mandel-Aufstrich

100 g getrocknete,
entsteinte Pflaumen
50 g Rosinen,
3 EL gemahlene Mandeln,
Ingwer, Zimt, Piment   im Mixer pürieren, dabei nach und nach
150-170 ml Orangensaft   zufügen und zu streichfähiger
Creme verarbeiten.

Tip1: Probieren Sie einmal getrocknete Aprikosen, Feigen oder
Datteln.

Tip 2: Den Orangensaft können Sie auch durch Apfel- oder
Traubensaft ersetzen oder einen Teil durch Zitronensaft.

Tip 3: Nehmen Sie statt der Mandeln auch einmal Kokosraspeln.

Tip 4: Erhitzen Sie 2-3 EL Buchweizenkörner in der Pfanne ohne
Fett, bis sie anfangen zu duften, und mahlen Sie dann den
Buchweizen und ersetzen damit die Mandeln.

Für mich das Nonplusultra unter den süßen Aufstrichen ist zweifellos die folgende Paste, nicht gerade preiswert, aber es lohnt sich.

Walnuß-Schoko-Paste

100 g Walnüsse	sehr fein mahlen,
100 g Butter	leicht erwärmen, beides mit
50-60 g Honig,	
1-2 EL Kakao	verrühren und erkalten lassen.

O Tip 1: Nehmen Sie keinen zu herben oder gar halbbitteren Kakao, da nützt dann auch die Erhöhung der Honigmenge nichts.

O Tip 2: Verwenden Sie Carob statt Kakao.

O Tip 3: Sie können natürlich auch andere Nüsse, Mandeln oder eine Nußmischung wählen.

Rohe Marmelade

500 g Obst	pürieren,
100-150 g Nüsse	fein reiben,
2-4 EL Honig	alles gut verrühren, mit
Zimt,	
Vanille	würzen, im Kühlschrank aufbewahren.

○ Tip 1: Je nach Obst eignen sich als Gewürze auch vorzüglich Anis, Ingwer und sogar Fenchel.

○ Tip 2: Bei frischem Obst brauchen Sie mehr, bei tiefgefrorenem weniger Nüsse; bei Trockenobst müssen Sie noch etwas Saft zum Pürieren hinzugeben.

Zaubern Sie einen süßen Aufstrich mit Hüttenkäse.

Feigenaufstrich

100 g getrocknete Feigen	in
50 ml heißem Wasser	ca. 15 Minuten einweichen.
	Das Wasser zur anderen Verwendung
	abgießen.
50 g Erdnüsse	fein mahlen und mit den Feigen sowie
250 g Hüttenkäse,	
50 ml Sahne,	
Vanille,	
Nelkenpulver	pürieren und kaltstellen.

O Tip 1: Wenn der Hüttenkäse sehr trocken ist, müssen Sie eventuell etwas mehr Sahne zugeben.

O Tip 2: Sie können auch 1-2 EL Carob oder Kakao zufügen.

Getränke

Wie schon erwähnt, wandern wir sehr viel, so sind wir in den letzten 12 Jahren schon dreimal durch ganz Deutschland gewandert. Dabei kann es im Sommer manchmal ganz schön heiß sein, so auch als wir vom Schwarzwald in Richtung Rheinebene unterwegs waren.

30° C im Schatten, doch leider gab es keinen Schatten. Müde und durstig kamen wir am Spätnachmittag im nächsten Hotel, in dem wir übernachten wollten, an. Als erstes bestellten wir etwas zum Trinken und waren begeistert. Noch selten hat uns beiden an einem heißen Tag ein Getränk so gut geschmeckt.

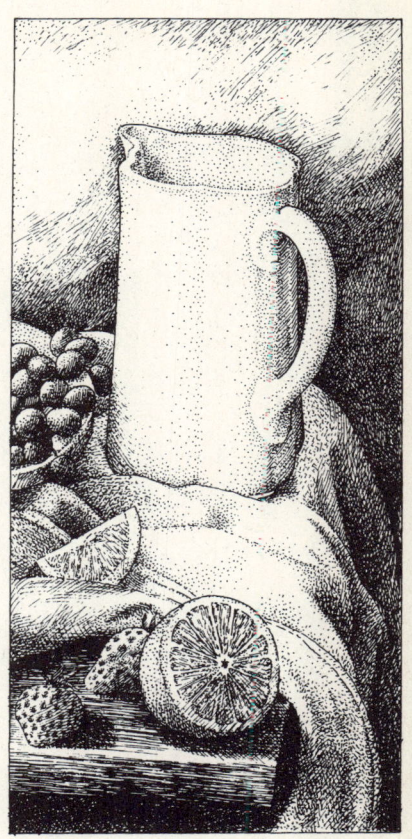

Doch testen Sie das Holunderblütengetränk einfach an einem heißen Sommertag selbst.

Holunderblütengetränk

3 l Wasser	mit
100 g flüssigem Honig,	
7 EL Apfelessig	verrühren und in einen großen Topf schütten,
1 Zitrone	auspressen,
1 Zitrone	mit der Schale in Scheiben schneiden, in den Topf geben. Von
8-9 blühenden Holunderdolden	die dicken Stiele abschneiden, vorsichtig unter laufendem Wasser abspülen, in die Wassermischung geben und umrühren. 24 Stunden zugedeckt ziehen lassen, dann kühlen und gut gekühlt servieren.

Für die gleiche Witterung geeignet ist das folgende Getränk, das aus dem heißen Indien stammt, wobei ich es aber auch zu anderer Jahreszeit ebenso gerne trinke.

Mango-Lassi

1 Mango	schälen, entkernen und pürieren. Püree durch ein feines Sieb streichen.
175 g Joghurt	und
825 ml geeistes Wasser	zugeben, mit dem Schneebesen kräftig schlagen und sofort servieren.

○ Tip 1: Einfacher ist es, wenn Sie 3-4 EL Mangosaft hinzugeben. Auch andere Säfte sind geeignet, Sie können auch nur mit etwas Honig oder Sirup süßen.

○ Tip 2: Hier auch mal ein pikanter Tip: Nicht süßen sondern etwas salzen.

Eigentlich empfinde ich bei der vollwertigen Küche keinerlei Verzicht, ganz im Gegenteil, einen Gewinn an Genuß. Nur ein Problemchen habe ich noch nicht gelöst. Ich kann mich einfach nicht an ungesüßten Kaffee gewöhnen, ganz gleich, ob es sich um Bohnen- oder Getreidekaffee handelt. Und Süßen mit Honig, das habe ich nur zweimal probiert, nämlich das erste und gleichzeitig das letzte Mal. Daher trinke ich nicht mehr sehr häufig Kaffee.

Doch beim folgenden Getränk kann man den Kaffee sehr gut mit Honig süßen, da Milch ein wesentlicher Bestandteil des Getränks ist.

Eiskaffee spezial

Knapp 1/2 Tasse
starken Getreidekaffee,
1 EL Kakaopulver,
1 TL Honig   verrühren und kühlstellen. Dann
1-2 EL Koulfi
(oder Vanilleeis)   zugeben, und mit
knapp 1/2 Tasse
eiskalter Milch   auffüllen und mit Strohhalm servieren.

○ Tip: Sie können dafür selbstverständlich auch normalen Bohnenkaffee mit oder ohne Koffein verwenden.

Als ein Freund von mir diese Bowle seinen Kollegen anläßlich einer kleinen Betriebsfeier servierte, waren alle begeistert. Nur einer, der meinen Freund - einen Guttempler - noch nicht so gut kannte und nicht wußte, daß dieser keinen Alkohol trinkt, meinte später: „Von der Bowle hätte man viel trinken können bis man einen Schwips bekommen hätte, weil doch sehr wenig Alkohol drinnen gewesen ist". Als er später erfuhr, daß er das ganze Fest alkoholfrei verbracht hatte, konnte er dies bei der guten Stimmung, die dabei herrschte, einfach nicht glauben.

Teebowle

1 l Wasser	aufkochen,
6 TL Assamtee	zufügen und 5 Minuten ziehen lassen, dann abseihen und in ein Bowlegefäß füllen.
60 g Honig, Vanille	zugeben und zugedeckt abkühlen lassen.
250 g frische Erdbeeren	halbieren, große Früchte vierteln,
1 Orange, 1 Banane	in dünne Scheiben schneiden, das ganze Obst in den Tee geben.
3-4 Zitronen	und
1 kg Orangen	auspressen und den Saft dem Tee zufügen. Mit
1 l weißen Traubensaft	
1 Zitrone	auffüllen. Von die Schale spiralförmig abschneiden und Bowle damit garnieren.

Über den Autor

Der Dipl.Ing. und Betriebswirt (VWA) Herbert
Walker, Jahrgang 1946, entschloß sich Mitte der
80er Jahre aus ethischen Gründen zur vegetarischen Lebensweise und fand dadurch den
Weg zur Vollwertkost.

Nach 12jähriger erfolgreicher Tätigkeit im Bau-
gewerbe absolvierte er bei Dr. Bruker seine
Ausbildung zum Gesundheitsberater (GGB). Er
vertiefte sein Wissen über Baubiologie, betrieb
von 1988 bis 1992 das vegetarische Vollwertre-
staurant „Salatschüssel" in Heidenheim und schrieb in dieser Zeit drei
Koch- bzw. Backbücher sowie das Wanderbuch „Deutschland zu Fuß".
Außerdem arbeitete er als freier Mitarbeiter bei einer Zeitschrift über
Baubiologie.

Inzwischen ist Herbert Walker wieder in seinem erlernten Beruf als
Berater für Bauunternehmen tätig. Die Erfahrungen, die er in den letzten Jahren gesammelt hat, kommen ihm in seinem neuen Aufga-
bengebiet „Umweltschutz am Bau" sehr zugute. Auch weiterhin gibt
er Kochkurse und informiert in Vorträgen über die Vollwerternährung.
Mit seinen Diavorträgen über das Wandern möchte er andere zur akti-
ven Freizeitgestaltung in der Natur animieren.

Literaturhinweise

Unsere Nahrung - unser Schicksal
Dr. med. M.O. Bruker
EMU-Verlag, Lahnstein

Allergien müssen nicht sein
Dr. med. M.O. Bruker
EMU-Verlag, Lahnstein

Vollwert-Ernährung
Grundlagen einer vernünftigen Ernährungsweise
von Koerber/Männle/Leitzmann
Haug-Verlag Heidelberg

Studien mit Vegetariern
Eine Zusammenstellung der Studien der Universität Gießen,
des Krebsforschungszentrums Heidelberg und
des Bundesgesundheitsamtes Berlin.
Herausgeber: Vegetarierbund Deutschland e.V.
Echo-Verlag, Göttingen

Vollwertig kochen mit Pfiff - ohne tierisches Eiweiß
Herbert Walker
pala-verlag, Darmstadt

Vollwertig backen mit Pfiff - ohne tierisches Eiweiß
Herbert Walker
pala-verlag, Darmstadt

Vollwertige Weihnachtsbäckerei mit Pfiff
Herbert Walker
pala-verlag, Darmstadt

Rezeptindex

* bedeutet tierisch-eiweißfrei, teilweise mit Butter und Sahne.
(*) bedeutet, daß es für das Rezept eine tierisch-eiweißfreie Variante gibt.

* bedeutet tierisch-eiweißfrei, teilweise mit Butter und Sahne.
(*) bedeutet, daß es für das Rezept eine tierisch-eiweißfreie Variante gibt.

Andere Bücher von Herbert Walker

Ärzte und Heilpraktiker raten häufig, auf tierisches Eiweiß zu verzichten - besonders bei Allergien und Stoffwechselkrankheiten. Daß eine solche Ernährung nicht fade und langweilig sein muß, beweist Herbert Walker mit einfallsreichen Rezeptideen.

Herbert Walker:
Vollwertig kochen mit Pfiff
- ohne tierisches Eiweiß
Paperback, 160 Seiten, 19,80 DM
ISBN: 3-923176-74-0

Auch Backwaren lassen sich ohne Milch und Eier herstellen! Herbert Walker zeigt mit Rezepten für Brot, Brötchen, süße und pikante Kuchen, Torten und Gebäck, daß man auch bei tierisch-eiweißfreier Ernährung nicht auf Gaumenfreuden verzichten muß!

Herbert Walker:
Vollwertig backen mit Pfiff
- ohne tierisches Eiweiß
Paperback, 128 Seiten, 19,80 DM
ISBN: 3-923176-79-1

Vollwertige Weihnachtsbäckerei

Was wäre Weihnachten ohne
Lebkuchen, ohne Stollen und
ohne den unvergleichlichen
Duft frischen Weihnachts-
gebäcks, der durchs Haus
zieht?

In diesem Buch zeigt Herbert
Walker, daß auch weihnachtli-
che Köstlichkeiten Teil einer
ausgewogenen und vollwertigen Ernährung sein können.
Äpfel, Nuß und Mandelkern
sind bei vielen der über einhun-
dert Rezepte dabei, die von
Lebkuchen und Printen über
Plätzchen und Hefegebäck bis
zu Stollen und Torten reichen.

Wer sich tierisch-eiweißfrei ernähren möchte oder muß, findet in
diesem Buch zahlreiche geeignete Rezepte, die in bezug auf den
kulinarischen Genuß den anderen in nichts nachstehen.

Herbert Walker:
Vollwertige Weihnachtsbäckerei mit Pfiff
Paperback, 128 Seiten, 19,80 DM
ISBN: 3-923176-90-2

Köstliches aus der Körnerküche

Ute Rabe:
Kochen und backen mit Hafer
12,80 DM, ISBN: 3-923176-81-3

Wolfgang Hertling:
Kochen mit Hirse
12,80 DM, ISBN: 3-923176-50-3

Ute Rabe:
Dinkel und Grünkern
12,80 DM, ISBN: 3-923176-72-4

Petra Schwenk:
Kochen und backen mit Buchweizen
12,80 DM, ISBN: 3-923176-64-3

Vollwertig, vegetarisch, gesund